KATERINOV
SI PARLO ITALIANO
ED.S.B.MONDADORI,MI.

SÌ, PARLO ITALIANO!

rime conversazioni

. Katerinov
.C. Boriosi Katerinov
 Berrettini
 Di Gregorio
. Zaganelli

ocenti presso l'Università italiana
er stranieri di Perugia

dizioni Scolastiche
runo Mondadori

Tutti i diritti riservati
© Edizioni Scolastiche Bruno Mondadori 1980
Printed in Italy

Stampato presso le officine OFSA
di Casarile (MI) - V - 1991

Premessa

Il presente lavoro nasce da una lunga esperienza nel campo dell'insegnamento dell'italiano a stranieri.

La fortunata circostanza di essere docenti presso l'Università Italiana per Stranieri di Perugia ci ha permesso di sperimentare il materiale qui proposto con migliaia di studenti di ogni nazionalità e di individuare le effettive esigenze di chi si accosta all'italiano con le più diverse motivazioni.

Consapevoli, però, che chi studia l'italiano all'estero, e quindi non è costantemente esposto alla lingua della comunicazione, incontra problemi maggiori rispetto a chi ha l'opportunità di farlo immergendosi totalmente nell'ambiente socio-culturale dell'Italia, abbiamo attinto anche all'esperienza dei circa 3000 insegnanti d'italiano all'estero per i quali abbiamo tenuto seminari di aggiornamento didattico in Italia e in decine di paesi dei vari continenti.

La somma di tali molteplici esperienze ci ha lasciato intravvedere la necessità di operare a due livelli:

a) *Contenuti*. Si trattava di abbandonare la consueta tematica che ripropone modelli di vita ormai superati o in cui, comunque, si riconosce solo una sparuta minoranza di studenti. D'altro canto non si potevano seguire certi nuovi orientamenti, di malinteso tipo progressista, per i quali gli argomenti di conversazione prediletti dagli stranieri sarebbero soltanto i mali sociali che affliggono l'Italia.

b) *Impostazione metodologica*. Si doveva evitare accuratamente il rischio di ridurre il manuale di conversazione a semplice pretesto per presentare argomenti grammaticali o di proporre allo studente situazioni e personaggi fine a se stessi e non punto di partenza per l'acquisizione di un'effettiva abilità ad esprimersi in italiano nell'ambito di quei contesti.

Per quanto concerne il problema dei contenuti, abbiamo cercato di individuare il più esattamente possibile gli argomenti che rispecchiano le situazioni e le esigenze comunicative che si presentano inevitabilmente ad uno straniero che si trovi a conversare con italiani. A questo scopo abbiamo tenuto conto dei risultati di ampie indagini statistiche da noi condotte presso migliaia di studenti ed insegnanti, oltre che delle autorevoli ricerche in questo campo del gruppo di esperti del Consiglio d'Europa.

Non minore attenzione abbiamo dedicato alla strutturazione delle unità didattiche. Essendo convinti che chi studia una lingua non possa accontentarsi di capire una conversazione fra persone a lui estranee e di saper rispondere a domande che si riferiscono al contenuto di essa, abbiamo proposto l'esercitazione delle principali categorie grammaticali mediante modelli opportunamente selezionati, per consentire allo studente di raggiungere il duplice obiettivo di esprimersi in maniera lessicalmente pertinente e grammaticalmente corretta senza sottostare all'ingrata fatica di mandare a memoria intere pagine di aride regole grammaticali.

Conoscere una lingua significa prima di tutto possedere le abilità *orali* (capire quando si ascolta e farsi capire quando si parla) e poi sviluppare le abilità *grafiche* (capire quando si legge e farsi capire quando si scrive). Per tale ragione in questo manuale si dà preminenza all'acquisizione delle abilità orali. L'intento è di far apprendere come si esprimono le varie *funzioni* comunicative (accordo, disaccordo, rammarico, dubbio, gratitudine, ecc.), offrendo modelli di lingua semplici e più complessi che tengono conto delle diverse esigenze del parlante e della sua personalità.

Parlando di un proprio viaggio si dovrà saper dire quando e con chi si è fatto, quando si è partiti e arrivati, quanto tempo si è rimasti, con che mezzo si è viaggiato, che cosa si è visto, che cosa è piaciuto o non è piaciuto. Se invece si vuole ribattere ad un'affermazione del tipo «È fantastico!» riferita, ad esempio, al David di Michelangelo, si dovrà essere in grado di dare il proprio giudizio in maniera più o meno complessa. Es.: «È davvero magnifico!», «È un vero capolavoro!», «Chi potrebbe affermare il contrario?»; oppure: «Peccato che sia soltanto una copia!», «È certamente un'opera d'arte, ma secondo me la Pietà è più bella», ecc..

Per finire, qualche suggerimento a coloro che intendono utilizzare questo manuale senza la guida di un insegnante: all'inizio di ciascuna unità ascoltate il dialogo senza seguire il testo scritto. Non preoccupatevi se non capite subito. Il vostro orecchio deve abituarsi gradualmente a cogliere il senso globale, l'essenziale, e poi a discriminare i particolari, incluse la pronuncia delle singole parole e l'intonazione di intere frasi. Ascoltate di nuovo il dialogo a libro chiuso. A questo punto potete procedere all'ascolto a libro aperto, cioè seguendo simultaneamente il testo scritto. Se durante questa operazione il senso di alcune parole non vi è ancora chiaro, rileggete tutto fino a non avere più dubbi e verificate poi il grado di comprensione passando ad eseguire il test «Vero o Falso» e a rispondere alle domande che seguono subito dopo. Anche quando avrete avuto la prova di aver capito, non potrete ancora considerare concluso il vostro lavoro. Si tratta ora di arrivare a riutilizzare in modo attivo tutto il materiale linguistico assimilato fin qui. Per conseguire questo risultato vi dovete sottoporre ad una gamma di esercitazioni, dapprima guidate e poi sempre più libere, non sempre divertenti ma certamente sempre utili in vista dell'acquisizione di abilità orali che vi permetteranno di destreggiarvi in situazioni analoghe a quelle viste.

Vi ricordiamo che per ogni operazione didattica, e soprattutto nell'ambito della conversazione, non conta soltanto l'esattezza grammaticale e lessicale degli enunciati che si pronunciano, ma è anche importante la *velocità* con cui essi vengono formulati. Un esercizio che si rivela utile non solo a questo scopo ma anche per il consolidamento delle abilità grafiche è quello della *retroversione*. Esso si esegue in due fasi: a) Una volta eseguito il test con cui si conclude ciascuna unità, tradurre nella propria lingua il dialogo introduttivo o i vari microdialoghi all'interno dell'unità che risultano di più difficile comprensione. b) A distanza di qualche giorno ritradurre la propria versione in italiano. Al termine di questa operazione, confrontare la propria versione italiana con il testo originale. Se non ci sono differenze sostanziali, provare ora a tradurre di nuovo (questa volta oralmente) la propria versione in italiano, cercando di conservare la velocità di una normale conversazione.

Vi raccomandiamo di non passare mai all'unità successiva senza aver prima ultimato la precedente.

Buon lavoro!

Gli autori

Avant-propos

Ce travail est le fruit d'une longue expérience dans le domaine de l'enseignement de l'italien aux étrangers.

En tant qu'enseignats à l'Université Italienne pour étrangers de Pérouse nous avons eu la possibilité de tester ce matériel avec des milliers d'étudiants de toute nationalité. Nous avons pu également cerner les exigences réelles de ceux qui abordent l'italien avec des motivations diverses.

D'autre part, nous sommes conscients des problèmes que rencontrent ceux qui étudient l'italien à l'étranger, et qui ne sont donc pas confrontés à la langue de communication. Ils doivent en effet faire face à des problèmes plus difficiles par rapport à ceux qui ont la possibilité d'être constamment immergés dans le milieu socio-culturel italien. C'est pourquoi nous avons également puisé dans l'expérience d'environ 3000 enseignants d'italien à l'étranger et pour lesquels nous avons organisé des séminaires de recyclage pédagogique en Italie et dans de nombreux pays des 5 continents.
L'ensemble de ces expériences nous a montré la nécessité d'œuvrer à 2 niveaux:

a) *Contenu.* Il s'agissait d'abandonner la thématique dépassée qui propose des modèles de vie désormais désuets ou alors valables pour une infime minorité d'étudiants. D'autre part, nous ne pouvions pas suivre certaines orientations nouvelles, soi-disant progressistes, selon lesquelles les sujets de conversation que préfèrent les étrangers se réduiraient aux maux qui accablent l'Italie.
b) *Approche méthodologique.* Il fallait éviter avec soin le risque de réduire le manuel de conversation à un simple prétexte pour présenter des règles de grammaire; il fallait éviter également de proposer à l'étudiant des «sketches» et des personnages hors situation; les «sketches» et les personnages doivent être en effet le point de départ pour l'acquisition d'une réelle maîtrise à s'exprimer en italien à l'intérieur de ces contextes.

En ce qui concerne le problème du contenu nous avons essayé de déterminer le plus précisément possible les thèmes qui reflètent les situations et les exigences de communication qui se présenteront ou locuteur étranger lorsqu'il sera amené à converser avec des Italiens. Dans ce but, nous avons tenu compte aussi bien des résultats de nombreux sondages menés auprès de milliers d'étudiants et d'enseignants que des recherches remarquables effectuées dans ce domaine par le groupe des experts du Conseil de l'Europe.
Nous avons également porté une grande attention à la structure des unités didactiques. Nous sommes convaincus en effet que ceux qui étudient une langue ne peuvent se contenter de comprendre une conversation entre personnes étrangères et de savoir répondre à des questions qui se rapportent à son contenu. Nous avons donc proposé des exercices sur les principales catégories grammaticales à travers des modèles sélectionnés avec le plus grand soin; cela permet à l'étudiant d'atteindre un double objectif:
— s'exprimer de façon lexicalement pertinent et grammaticalement correcte,
— éviter le travail pénible qui consiste à apprendre par cœur des pages entières de règles arides de grammaire.

Connaître une langue signifie en avoir d'abord la maîtrise orale (comprendre lorsqu'on écoute et se faire comprendre lorsqu'on parle (et ensuite développer la maîtrise de l'écrit (comprendre quand on lit, et se faire comprendre quand on écrit).

C'est pourquoi dans ce manuel nous attachons la plus grande importance à l'acquisition de la maîtrise orale. Le but est de faire apprendre comment sont exprimées les diverses fonctions communicatives (accord, désaccord, regret, doute, gratitude, etc...) en offrant des modèles de langue simples ou plus complexes qui tiennent compte des diverses exigences du locuteur ainsi que de sa personalité. En parlant par exemple d'un voyage que l'on a fait, il faudra savoir dire quand et avec qui il a été fait, quando on est parti et arrivé, combien de temps on est resté, par quel moyen on a voyagé, ce qui a été vu, les choses qui ont plu ou déplu. Si par contre on veut répliquer à une affirmation telle que «È fantastico!» (c'est fantastique!) en parlant par exemple du David de Michel-Ange, il faudra être en mesure de donner son propre avis d'une façon plus ou moins complexe; par exemple: «È davvero magnifico» (c'est vraiment magnifique); «È un vero capolavoro!» (c'est un vrai chef-d'œuvre); «Chi potrebbe affermare il contrario?» (on ne peut pas prétendre le contraire); ou alors: «Peccato che sia soltanto una copia!» (dommage que ce ne soit qu'une copie); «È certamente un'opera d'arte, ma secondo me la Pietà è più bella» (il s'agit certainement d'une œuvre d'art, mais à mon avis la Pietà est plus belle) etc...

Pour terminer, quelques conseils à ceux qui ont l'intention d'utiliser ce manuel sans l'aide de l'enseignant: au début de chaque unité, écoutez le dialogue sans suivre le texte écrit; pas d'inquiétude si vous n'arrivez pas à tout comprendre tout de suite. Votre oreille doit s'habituer progressivement à saisir le sens global, l'essentiel, et, plus tard, à discerner les détails y compris la prononciation de chaque mot et l'intonation de phrases entières. Ecoutez de nouveau le dialogue, le livre fermé. Ensuite, vous pouvez passerà à l'audition, en suivant simultanément le texte écrit. Si pendant cette opération le sens de certains mots vous échappe, relisez l'ensemble jusqu'à ne plus avoir de doute et vérifiez ensuite le degré de compréhension en passant enfin au test «Vrai ou Faux» et en répondant aux questions qui suivent.

Même lorsque vous êtes certains d'avoir compris, vous ne pourrez pas pour autant considérer votre travail comme achevé. Il s'agit d'être en mesure d'utiliser d'une façon active tout le matériel linguistique que vous avez assimilé jusqu'ici.

Pour arriver à ce résultat, vous devez vous soumettre à une série d'exercices d'abord dirigés puis de plus en plus libres. Certains ne sont pas toujours amusants, mais ils sont utiles en vue de l'acquisition de la maîtrise orale, qui vous permettra de vous débrouiller dans des situations analogues à celles que vous avez déjà vues.

Nous vous rappelons que pour toute opération didactique, et surtout dans le domaine de la conversation, le débit d'élocution est aussi important que l'exactitude grammaticale et lexicale.

Un exercice qui s'avère utile non seulement pour ce que l'on vient de dire mais aussi pour une meilleure maîtrise de l'écrit est celui de la rétroversion.

Il s'articule en 2 phases:

a) Après avoir effectué le test qui termine chaque unité, traduire dans la langue maternelle le dialogue d'introduction ou les divers microdialogues (conversations) dont la compréhension s'avère difficile.

b) Quelques jours plus tard, traduire de nouveau sa propre version en italien. A la fin de cette opération, confronter cette traduction avec le texte de départ. S'il n'y a pas de différences substantielles, traduire de nouveau (oralement cette fois-ci) sa propre version en italien, en essayant de garder le débit d'une conversation normale.

Nous vous conseillons vivement de ne pas passer à l'unité suivante sans avoir d'abord terminé la précédente.

Bon courage!

Les auteurs

Preface

This textbook is the fruit of many years of experience in teaching Italian as a foreign language.

As teachers at the Università Italiana per Stranieri in Perugia we have been able to test the present on thousands of students of all nationalities and to identify the needs of learners approaching Italian with the most diverse motivations.

Realizing that students abroad, who are rarely, if ever, exposed to Italian as a language of communication, must face greater difficulties than those who find themselves immersed in the socio-cultural environment of this country, we have also drawn on the experience of some 3000 teachers of Italian abroad, whom we met in the methodological seminars we have conducted over the years in Italy and dozens of countries in different parts of the world.
The sum of these multiple experiences has led us to rethink our basic approach on two levels.

a) *Contents*. We decided to abandon the usual old fashioned set of topics, with their outdated patterns of living, which few students would recognize. On the other hand, we did not include pseudo-progressive subjects which suggest that foreign students are primarily interested in talking about the social ills afflicting Italy.
b) *Methodological approach*. We have taken care not to reduce of our conversation manual to a mere pretext for presenting grammatical topics or for creating situations and characters as an end in themselves, rather than as a starting-point for developing the student's communicative skills within given situations.

As for the problem of contents, we have tried to identify as precisely as possible the situations and communication needs inevitably faced by a foreigner when he has to speak with Italians. We have done this by using our own extensive surveys as well as through the autoritative research conducted in this field by the team of experts commissioned by the Council of Europe.

We have been equally careful in structuring each learning unit. We believe that a student of Italian will not be satisfied merely to understand a conversation between a group of strangers and then to answer a set of content-oriented questions and therefore we have provided practice in the fundamental grammatical patterns by including appropriate drills, designed to help the student reach the dual objective of expressing himself in a lexically pertinent and grammatically correct way, without the tiresome effort of memorizing entire pages of dry grammar rules.
To know a language means first and foremost to possess the *oral skills* (to understand what is said and to make oneself understood by speaking) and subsequently to develop the *graphic skills* (to understand what is written and to make oneself understood in writing). This is why our textbook emphasizes the development of oral skills. We want to train the student to perform various language acts (agreement, disagreement, regret, doubt, gratitude, etc.) by

offering him both simple and more complex language models, which take into account the needs and personality his.

In talking about a trip, he should be able to say when and with whom he went, when he left and when he arrive, how long he stayed, what kind of transport he used, what he saw, what he liked and what he disliked. Or else, if he wishes to react to a statement like «It's fantastic!», referring, for example, to Michelangelo's David, he ought to be able to express his opinion in a variety of more or less complex ways: «It really is magnificent!», «It's a real masterpiece!», «There's no doubt about it!» or «Too bad it's copy!», «It certainly is a work of art, but I find the Pietà more beautiful», etc.

Finally a few suggestions to those who intend to use this book without the guidance of a teacher. Start each new Unit by listening to the dialogue without looking at the printed page. Don't worry if you don't understand everything at once. Your ear must gradually accustom itself to catching the overall meaning and then to pick out the particulars, including the pronunciation of single words and the intonation pattern of entire phrases. Listen again to the dialogue with the book closed. Then listen once more while following the printed text. If at this stage you are still unsure about the meaning of some words, keep on re-reading until you have cleared your doubts. Then proceed to test your level of comprehension by doing the true-false quiz and answering the questions that follow. Even if you have received confirmation that you have understood everything, your task is not over. Now you must learn to re-employ actively all the linguistic material you have assimilated so far. To achieve this, you have to go through a range of exercises, strictly guided at first and then becoming progressively freer. These are not always entertaining but are certainly useful for the development of those oral skills that will enable you to hold your own in similar situations.

We wish to stress that at every learning stage, but especially in conversation, what counts is not only grammatical and lexical correctness, but also *speeds*. An exercise that has proven useful not only for developing speed, but also for consolidating your writing skill is *re-translation*. This is done in two steps: a) once you have completed the test that concludes each unit, write a translation of the introductory dialogue or some of the minidialogues that you may have found more difficult to understand. b) After a few days, re-translate your version into Italian and compare it with the original text. If there are no substantial differences, go back to the version in you own language and translate it again (this time orally) while trying to maintain the speed of a normal conversation.

Our final recommendation: don't ever start a new Unit without having completed the previous one.

Good luck!

The authors

Vorwort

Die vorliegende Arbeit ist aus langen Erfahrungen auf dem Gebiet des Italienisch-Unterrichts für Ausländer hervorgegangen.

Der glückliche Umstand, daß wir als Dozenten an der »Università Italiana per Stranieri« in Perugia tätig sind, hat es uns erlaubt, das hier unterbreitete Material zuvor mit Tausenden von Studenten jeglicher Nationalität zu erproben und zu ergründen, welche Anforderungen sich dem stellen, der sich aus den unterschiedlichsten Beweggründen mit der italienischen Sprache zu beschäftigen beginnt.

Wir sind uns allerdings bewußt, daß jemand, der im Ausland Italienisch lernt und infolgedessen nicht tagtäglich mit der Landessprache konfrontiert ist, gemessen an demjenigen auf größere Probleme stößt, der die Gelegenheit hat, sich mitten in die soziale und kulturelle Landschaft Italiens zu stürzen und so die Sprache zu lernen. Deshalb haben wir gleichzeitig aus dem Erfahrungsschatz jener etwa 3.000 Lehrer geschöpft, die im Ausland Italienisch unterrichten und für die wir didaktische Fortbildungsseminare in Italien sowie in einigen Dutzend Ländern verschiedener Erdteile gehalten haben.

Als Quintessenz solcher vielfältigen Erfahrungen haben wir es für notwendig erachtet, auf zwei Ebenen zu arbeiten:

a) *Inhalte*. Es ging darum, auf die üblichen Themenkreise zu verzichten, mit denen mittlerweile überholte Lebensmuster immer wieder neu «aufgewärmt» werden oder in denen sich zumindest nur eine verschwindende Minderheit von Studenten noch wiedererkennt. Auf der anderen Seite konnten wir uns nicht bestimmten, fälschlicherweise als progressiv verstandenen Neuorientierungen anschließen, denen zufolge die sozialen Mißstände, unter denen Italien leidet, das Konversationsthema sein sollen, das bei den Studenten am beliebtesten ist.

b) *Methodische Problemstellung*. Mit Sorgfalt mußte die Gefahr vermieden werden, daß man sich mit dem Konversationsbuch den billigen Vorwand verschafft, um grammatische Themen zu präsentieren oder dem Studenten Situationen und Personen zu unterbreiten, die lediglich Selbstzweck sind und nicht Ausgangspunkt dazu, sich tatsächlich die Befähigung anzueignen, in entsprechenden Zusammenhängen Italienisch zu sprechen.

Was das Problem der Inhalte anbelangt, haben wir versucht, so genau wie möglich, Themen ausfindig zu machen, die die Situationen und kommunikativen Anforderungen widerspiegeln, die sich unweigerlich einem Ausländer stellen, der in die Lage kommt, mit einem Italiener zu reden. Zu diesem Zweck haben wir, abgesehen von den anerkannten Forschungen, die auf diesem Sektor von der Expertengruppe des Europarates angestellt worden sind, auch Ergebnisse breit angelegter statistischer Untersuchungen berücksichtigt, die wir unter Tausenden von Studenten und Lehrern durchgeführt haben.

Nicht weniger Aufmerksamkeit haben wir der Strukturierung der Lerneinheiten gewidmet. Weil wir davon überzeugt sind, daß, wer eine Sprache lernt, sich nicht damit begnügen kann, eine Unterhaltung zwischen Personen zu verstehen, die ihm fremd sind, und auf Fragen antworten zu können, die sich auf deren Inhalt beziehen, haben wir die Übung der grammatischen Grundkategorien mit Hilfe von eigens ausgewählten Modellen vorgeschlagen, um so dem Studenten zu ermöglichen, daß er «zwei Fliegen mit einer Klappe schlägt»: sich in der Wortwahl angemessen und grammatisch richtig auszudrücken, ohne sich der unangenehmen Mühe unterziehen zu müssen, seitenweise trokkene grammatische Regeln zu «pauken».

Eine Sprache zu kennen, bedeutet vor allem, über *mündliche* Fähigkeiten zu verfügen (verstehen, wenn man zuhört, und sich verständlich machen, wenn man spricht) und erst in zweiter Linie, *schriftliche* Fähigkeiten zu entwickeln (verstehen, wenn man liest, und sich verständlich machen, wenn man schreibt). Aus eben diesem Grund wird der Aneignung mündlicher Fähigkeiten in diesem Lehrbuch Vorrang eingeräumt. Wir wollen begreiflich machen, wie die verschiedenartigen *kommunikativen Funktionen* (Einigkeit, Uneinigkeit, Klage, Zweifel, Dankbarkeit etc.) ausgedrückt werden und bieten dazu einfache und komplexere Sprachmuster an, die den unterschiedlichen Ansprüchen des Sprechers und seiner jeweiligen Persönlichkeit gerecht werden.

Wenn man von einer eigenen Reise redet, sollte man sagen können, wann und mit wem man sie gemacht hat, wann man abgefahren und wann angekommen ist, wie lange man geblieben ist, womit man gefahren ist, was man gesehen, was einem gefallen und was einem mißfallen hat. Und wenn man auf eine Behauptung wie «Es ist phantastisch!», die sich beispielsweise auf den David von Michelangelo bezieht, eingehen will, sollte man in der Lage sein, das eigene Urteil einigermaßen differenziert abzugeben. Z.B.: «Es ist wirklich hervorragend!», «Es ist ein echtes Meisterwerk!», «Wer könnte das Gegenteil behaupten?», oder auch: «Schade, daß es sich nur um eine Kopie handelt!», «Sicher, es ist ein Kunstwerk, aber meiner Meinung nach ist die Pietà schöner.», u.s.w.

Abschließend einige Empfehlungen für diejenigen, die dieses Lehrbuch ohne Anleitung eines Lehrers benutzen wollen. Hören Sie sich zu Beginn einer jeden Unità den Dialog an, ohne daß Sie den geschriebenen Text mitlesen. Machen Sie sich keine Sorgen, wenn Sie nicht auf Anhieb alles verstehen. Ihr Ohr muß sich Schritt für Schritt daran gewöhnen, zunächst die allgemeine Aussage, das Wesentliche aufzunehmen und dann die Besonderheiten zu unterscheiden, die Aussprache der einzelnen Wörter und die Intonation ganzer Sätze inbegriffen. Hören Sie sich den Dialog ein zweites Mal bei geschlossenem Buch an. Danach können Sie einen Schritt weitergehen und bei offenem Buch zuhören, d.h. gleichzeitig den geschriebenen Text mitlesen. Wenn Ihnen im Verlauf dieser Tätigkeit die Bedeutung einiger Wörter noch nicht klar ist, lesen Sie alles noch einmal, bis Sie keine Zweifel mehr haben. Prüfen Sie sodann den Grad des Verstehens nach, indem Sie dazu übergehen, den Test «Richtig oder Falsch» zu machen und die Fragen zu beantworten, die sich unmittelbar anschließen. Auch wenn es sich bestätigt, daß Sie alles verstanden haben, werden Sie Ihre Arbeit noch nicht als abgeschlossen betrachten können. Nun geht es darum, daß es Ihnen gelingt, das gesamte, bis zu diesem Punkt assimilierte Sprachmaterial selbst aktiv anzuwenden. Um dieses Ergebnis zu erzielen, müssen Sie sich einer Skala von Übungen unterziehen — zunächst unter Anleitung, dann zunehmend selbständiger —, die nicht immer erbaulich, aber mit Gewißheit immer nützlich sind in Hinblick auf die Aneignung mündlicher Fähigkeiten, mit deren Hilfe Sie sich in Situationen zurechtfinden können, die den im Buch behandelten entsprechen.

Wir machen Sie darauf aufmerksam, daß es bei jedem Lernschritt, und zwar vor allem im Bereich der Konversation, nicht nur auf die grammatische und lexikalische Genauigkeit der Äusserungen ankommt, die man macht; ebenfalls wichtig ist die Geschwindigkeit, mit der sie formuliert werden. Eine Übung, die sich nicht nur zu diesem Zweck als nützlich erwiesen hat, sondern auch zur Konsolidierung der schriftlichen Fähigkeiten, ist die der Rückübersetzung. Sie wird in zwei Phasen durchgeführt: a) Nachdem man einmal den Test gemacht hat, mit dem jede Unità endet, übersetzt man den einführenden Dialog sowie diejenigen der verschiedenen kürzeren Gespräche innerhalb der Unità, die die größten Verständnisschwierigekeiten bereiten, in die eigene Sprache. b) Nach einigen Tagen übersetzt man die eigene Fassung ins Italienische zurück. Nachdem man damit fertig ist, vergleicht man die eigene Italienische Fassung mit dem Original. Wenn es keine grundlegenden Abweichungen gibt, versucht man nun die eigene Fassung noch einmal (diesmal mündlich) ins Italienische zu übertragen, wobei man sich bemüht, das Tempo einer normalen Unterhaltung einzuhalten.

Wir empfehlen Ihnen, in keinem Fall zu einer nachfolgenden Unità überzugehen, ohne zuvor die vorangegangene abgeschlossen zu haben.

Gute Arbeit!

Die Verfasser

Prologo

Este libro nace como resultado de una vasta experiencia en el campo de la enseñanza del italiano a extranjeros.

La feliz circunstancia de ser profesores en la Universidad para Extranjeros de Perusa, nos ha permitido ponerlo a prueba con centenares de estudiantes de diversa nacionalidad y poder, de ese modo, individuar las exigencias particulares de todos los que se acercan al italiano con las más diversas motivaciones.

Conscientes, sin embargo, de que el estudiante de italiano en el extranjero (que no está expuesto continuamente a la lengua de la comunicación) encuentra mayores dificultades de quien tiene la posibilidad de estudiarlo en condiciones de «inmersión total» en el ambiente socio-cultural de Italia, hemos aprovechado la experiencia de los casi 3000 profesores de italiano que trabajan en el extranjero y que han frecuentado nuestros seminarios de actualización didáctica tanto en Italia como en decenas de países de los varios continentes.

La suma de tantas experiencias nos ha convencido de la necesidad de operar, especialmente, en dos sentidos:

a) *Contenido*. Era necesario abandonar la temática habitual que continua proponiendo modelos de vida ya superados o en los cuales se reconoce sólo un contado número de estudiantes. Por otro lado, no era posible seguir ciertas nuevas teorías, pseudoprogresistas, según las cuales los temas de conversación preferidos por los extranjeors son los males sociales que afligen a Italia.

b) *Orientación metodológica*. Era imprescindible evitar, con gran cautela, que el manual de conversación se convirtiera en un pretexto para presentar argumentos gramaticales al estudiante. Había también que esquivar el riesgo de proponerle situaciones y personajes que se agoten en sí mismos y no representen, en consecuencia, el punto de partida para la adquisición de una concreta capacidad de expresarse en italiano cuando se encuentra uno en una situación similar.

En cuanto al problema del contenido, hemos tratado de selecionar, lo más rigurosamente posible, los temas que reflejan las situaciones y las exigencias, a nivel comunicativo, que se presentan inevitablemente a todo extranjero que conversa con un italiano. Con esta finalidad, hemos tenido en cuenta no sólo el resultado de amplias encuestas y estadísticas que nosotros llevamos a cabo con centenares de estudiantes y profesores, sino también el trabajo de investigación que un grupo de expertos de Consejo de Europa realizó en este campo.

La misma detallada atención le hemos dedicado a la estructura de las unidades didácticas. Ya que estamos convencidos de que, quien estudia un idioma extranjero, no puede contentarse con entender una conversación entre personas que le resultan extrañas, y con saber contestar a preguntas que se refieren al contenido de dicha conversación, hemos propuesto el ejercicio de las principales categorías gramaticales por medio de modelos seleccionados con gran esmero. Todo ello a fin de dar al estudiante la posibilidad de alcanzar el doble objetivo de expresarse de modo lexicalmente pertinente y gramaticalmente correcto, sin tener que soportar la fatiga ingrata de aprender de memoria páginas enteras de áridas reglas gramaticales.

Conocer un idioma significa, en primer lugar, poseer las habilidades *orales* (entender escuchando y hacerse entender hablando) y luego, en una segunda fase, desarrolar has habilidades *gráficas* (entender cuando se lee y hacerse entender escribiendo.) Por tal razón, en este manual se da preeminencia a la adquisición de las habilidades orales. Nuestra intención es la de enseñar cómo se expresan las diversas *funciones* comunicativas (acuerdo, desacuerdo, pesar, duda, gratitud, etc.) mediante modelos de lengua simples y luego más complejos, que tengan en cuenta las exigencias del hablante y de su propia personalidad. Hablando de un viaje, el estudiante deberá saber decir cuándo y con quién lo hizo, cuándo salió y cuándo llegó, cuánto tiempo estuvo fuera, con qué medio de transporte viajó, qui vio, qué le gustó o no. Si, en cambio, se quiere contestar a una frase del tipo «Es fantástico!» referida, por ejemplo, al David del Miguel Angel, deberá ser capaz de expresar la misma opinión de modo más o menos complejo. Ej.: «Es verdaderamente magnífico!», «Es una verdadera obra de arte!», «Quién podría negarlo? o, si no: «Qué lástima que sea solamente una copia!», «Es verdaderamente una obra de arte, pero, según mi opinión, es más hermosa la Piedad!» etc.

Concluyendo, algunas sugerencias a quienes deseen usar este manual sin la guía de un profesor: Al comienzo de cada unidad, escuchen el diálogo sin leer el texto. No se procupen si no entienden todo el diálogo enseguida. El oído debe acostumbrarse gradualmente a captar el sentido global, lo esencial, y luego a reconocer los particulares, incluídas la pronunciación de cada palabra y la entonación de la frase completa. Escuchen de nuevo el diálogo con el libro cerrado. A este punto, pueden escuchar el diálogo siguiendo con la vista el texto escrito. Si durante esta operación el sentido de algunas palabras no les es todavía claro, vuelvan a leer hasta resolver todas las dudas. Controlen luego el grado de comprensíon realizando el test «Verdadero o Falso» y contesten después a las preguntas que siguen.
Aún después de comprobar que han entendido, no pueden todavía considerar acabada la tarea. Se trata, ahora, de llegar a utilizar, de modo activo, todo el material lingüístico que han asimilado hasta el momento. Para obtener este resultado tendrán que sujetarse a una vasta gama de ejercicios, al principio guiados y leugo cada vez más libres, no siempre atrayentes, pero ciertamente utilísimos para la adquisición de las habilidades orales que les permitirán salir del paso cada vez que se encuentren en situaciones similares.

Les recordamos que, en cada operación didáctica y, especialmente, en el ámbito de la conversación, no cuenta sólo la exactitud gramatical y lexical de lo que se dice, sino también la *velocidad* con la cual se habla.

Un ejercicio utilísimo que sirve, además, para afianzar las habilidades gráficas, es la retroversión. Dicho ejercicio se ejecuta en dos fases:

a) Realizado el test que se encuentra al final de cada unidad, traduzcan al español el diálogo introductivo o los diversos microdiálogos que se encuentran en la unidad y que les hayan resultado más difíciles entender.
b) Después de algunos días vuelvan a traducir la versión española al italiano. Al final de esta operación, comparen la traducción en italiano que ustedes han hecho con el texto original. Si no hay diferencias substanciales, prueben ahora a traducir de nuevo (esta vez oralmente) su versión italiana, tratando de conservar la velocidad de una conversación normal.

Les aconsejamos no pasen a la unidad sucesiva si no han acabado aún la anterior.

Beun trabajo!

Los autores

Indice analitico

Unità	Elementi di civiltà e centri di interesse	Strutture	Pag.
I Pietro e Mary in treno	Convenevoli. Presentazioni. Modelli di lingua abituali quando si conversa per la prima volta. *Viaggiare in Italia*	Verbo «essere» al presente Alcuni verbi al presente Nome e articolo Il possessivo: «mio» Forma pronominale del verbo (chiamarsi) Forma interrogativa del verbo Forma di cortesia e forma confidenziale Alcune preposizioni Numerali ordinali	2
II All'albergo	Modelli di lingua abituali quando si chiede una camera, il prezzo, la sveglia, la prima colazione in camera, il conto e se c'è un garage. I documenti che servono per dimostrare la propria identità. *Soggiorno in Italia*	Verbo «avere» al presente Condizionale di cortesia Forma pronominale del verbo (fermarsi) Forma interrogativa del verbo «Ecco»	10
III Allo sportello del cambio	Modelli di lingua abituali quando si cambiano soldi in banca. Che cosa si chiede per sapere se c'è una banca e qual è l'orario di apertura. *Denaro, denaro...*	Alcuni verbi regolari ed irregolari al presente Alcune forme dell'imperativo Pronomi personali in combinazione con forme verbali (ce l'ho) «Eccolo» «Qual'è» Numerali cardinali «C'è» Aggettivo dimostrativo Aggettivo possessivo	18
IV In taxi	Modelli di lingua abituali quando ci si informa sui mezzi di comunicazione in città. Come si chiama un taxi. Le ore di punta. La mancia. *Muoversi in città*	I verbi servili al presente Altri verbi regolari ed irregolari al presente Preposizioni articolate «Eccoci»; «Ecco a lei» Alcuni avverbi	26
V Al bar	Modelli di lingua abituali quando si offre o si prende qualcosa al bar. Come si fa abitualmente colazione al bar. Come si paga al tavolo e al banco di un bar. *Posso offrirle qualcosa?*	Alcuni verbi regolari ed irregolari al presente. Forma interrogativa-negativa del verbo. Alcune preposizioni semplici ed articolate. Passaggio dal discorso diretto al discorso indiretto.	34

Unità	Elementi di civiltà e centri di interesse	Strutture	Pag.
VI Al ristorante	Modelli di lingua abituali quando si va al ristorante. Ristorante a prezzo fisso. Come si prenota un tavolo per telefono. *Fermatevi a mangiare da noi*	C'è; ci sono Alcuni verbi regolari ed irregolari al presente Forma pronominale del verbo Nomi ed aggettivi in «e» Alcuni avverbi Preposizioni e verbi	42
VII Ai telefoni pubblici di Firenze	Modelli di lingua abituali quando si telefona da un posto pubblico o attraverso il centralino. La S.I.P. Come ci si informa se c'è un telefono. Come si chiedono i gettoni e l'elenco telefonico. La chiamata «R». Come si pronunciano i numeri telefonici. A chi si chiede il numero di telefono di un abbonato di un'altra città. *La stampa in Italia*	Alcuni verbi al presente Pensare... di no Alcune preposizioni semplici ed articolate	50
VIII Due amici al telefono	Modelli di lingua abituali quando si parla al telefono con una persona amica. Che cosa si dice all'interlocutore quando si sente la sua voce. Che cosa si dice quando la persona che si cerca non è in casa. Che cosa si dice alla persona che risponde se si è fatto un numero sbagliato. *Mercatini e artigianato*	Alcuni verbi regolari ed irregolari al presente. Pronomi personali diretti e la particella «ne». Verbi servili + infinito + pronomi diretti. Alcune forme dell'imperativo con e senza pronome personale. Alcuni avverbi. Avere bisogno di...	58
IX Una serata a teatro	Modelli di lingua abituali quando si parla di una serata trascorsa a teatro, quando ci si informa sull'orario degli spettacoli, sui posti disponibili e sui programmi. *Il mondo dello spettacolo*	Passato prossimo costruito con «avere» ed «essere». Participio passato di verbi regolari ed irregolari. Imperfetto del verbo «essere». Alcuni verbi regolari ed irregolari al presente.	66
X Una domenica al mare	Organizzazione del tempo libero. Modelli di lingua abituali quando si parla del modo di trascorrere un fine-settimana, le vacanze e il tempo libero in generale. *Mare nostrum*	Il futuro regolare ed irregolare. Il futuro per esprimere un'ipotesi. Il periodo ipotetico. Il verbo avere + «da» + infinito. La particella «ci». Alcuni avverbi. Passaggio dal discorso diretto al discorso indiretto.	74

Unità	Elementi di civiltà e centri di interesse	Strutture	Pag.
XI Viaggio in Italia	Convenevoli tra amici al ritorno dalle vacanze. Modelli di lingua abituali quando si parla di un'esperienza di viaggio. Come ci si informa sulle strade da prendere. Come ci si informa sui collegamenti ferroviari. *Alcuni aspetti della Toscana*	Passato prossimo. Participio passato regolare ed irregolare. Accordo del participio passato con la particella «ne» e con i pronomi diretti. Proposizioni interrogative indirette. Uso degli ausiliari. Superlativo relativo. Aggettivo indefinito «qualche». Alcune forme dell'imperativo. Pronomi personali combinati.	82
XII In Questura	Modelli di lingua abituali quando si va al posto di polizia per denunciare lo smarrimento del portafoglio con i documenti. Modalità per la denuncia e per il permesso di soggiorno. La contravvenzione. I vigili urbani. *Feste e tradizioni popolari*	Uso dei tempi passati: imperfetto e passato prossimo. Il verbo «dovere» al presente e al futuro. «occorre», «ci vuole». Alcune forme dell'imperativo. Uso del partitivo. «Molto» usato come aggettivo e come avverbio. Numerali cardinali. Passaggio dal discorso diretto al discorso indiretto.	90
XIII In un negozio di abbigliamento	Gli acquisti. Modelli di lingua abituali quando si entra in un negozio di abbigliamento: come si chiede l'articolo che si desidera, il modello, il colore, la taglia, il prezzo, lo sconto eventuale. Modelli di lingua abituali quando si va dal tabaccaio, all'edicola, dal parrucchiere, in un negozio di calzature, in un negozio di alimentari e di frutta e verdura. Modelli di lingua abituali quando si parla in termini generali (grande, piccolo, pesante, leggero) e in termini di pesi e misure standard, comuni in Italia. *La febbre degli acquisti*	I dimostrativi «questo» e «quello». Alcuni pronomi diretti e indiretti al singolare e al plurale. I pronomi combinati nella forma di cortesia. Il verbo «fare» seguito dall'infinito (Le faccio vedere...). Condizionale di cortesia. Alcune forme dell'imperativo. La preposizione «di» per esprimere il complemento di materia. Il verbo «venire» nell'accezione di «costare». La comparazione. La congiunzione «neanche». Proposizioni interrogative indirette. «non» pleonastico.	98

Unità	Elementi di civiltà e centri di interesse	Strutture	Pag.
XIV Al ritorno dalle vacanze	Modelli di lingua abituali quando si parla delle proprie vacanze e si chiedono informazioni sulle vacanze fatte da altri. Convenevoli di rito quando si incontra una persona che è tornata dalle vacanze. *Sport e tifo*	Uso dei tempi passati: l'imperfetto (intenzionale, descrittivo e iterativo) e il passato prossimo. Forma pronominale del verbo (rivedersi, fermarsi, divertirsi). Pensare di + infinito. Essere contenti di + infinito. Il verbo «essere» + «da» + infinito. Il futuro del verbo «capire» usato con valore enfatico. La particella «ci» usata come avverbio di luogo. Alcune espressioni di tempo. Passaggio dal discorso diretto al discorso indiretto.	106
XV L'Università per Stranieri di Perugia	Modelli di lingua abituali quando ci si informa sui corsi, sulle materie di insegnamento, sulle attività culturali organizzate da un istituto in cui si insegna l'italiano a stranieri. Come si chiede ad una persona di parlare più lentamente o di ripetere ciò che ha detto. Che cosa si chiede quando non si sa come si pronuncia una parola. *La scuola*	Verbi pronominali preceduti da verbi modali. Alcuni verbi pronominali al passato. Alcuni verbi regolari e irregolari al presente e al passato. «Si» passivante. Alcune forme dell'imperativo. Pensare + «di» + infinito + pronome. Locuzione preposizionale «oltre a».	114
XVI Alla Posta	Modelli di lingua abituali quando si va a spedire un pacco, a fare un telegramma, a chiedere francobolli e a ritirare la corrispondenza al fermo-posta. *Un saluto da...*	Alcuni verbi regolari ed irregolari al presente. Alcune forme dell'imperativo. Alcune preposizioni semplici ed articolate. Uso del partitivo. Nomi maschili in «a» (telegramma, vaglia). Avverbi di luogo e di quantità. Pesi e misure. Passaggio dal discorso diretto al discorso indiretto.	122
XVII All'azienda di soggiorno	Modelli di lingua abituali quando si va all'azienda di soggiorno e si chiedono informazioni su vari itinerari turistici. Modelli di lingua abituali quando si va in una agenzia di viaggi per prenotare posti in treno e per avere una guida della città. *I vini italiani*	Uso del condizionale. Forme del condizionale semplice dei verbi regolari ed irregolari. Presente indicativo di alcuni verbi regolari. Alcune preposizioni. Passaggio dal discorso diretto al discorso indiretto.	130

Unità	Elementi di civiltà e centri di interesse	Strutture	Pag.
XVIII Dal meccanico	Modelli di lingua abituali quando si va dal meccanico, quando si prende a noleggio una macchina, quando si va alla stazione di servizio, dal gommista e quando si cerca un parcheggio custodito. *L'automobile*	Uso dei tempi passati: imperfetto e passato prossimo. Accordo del participio passato con i pronomi diretti nelle forme construite con «avere». Pronomi diretti in posizione enclitica. Presente indicativo del verbo «essere» e di alcuni verbi regolari ed irregolari e dei verbi servili. Il congiuntivo presente dopo i verbi di opinione. Passaggio dal discorso diretto al discorso indiretto. «Pure» usato con le forme dell'imperativo.	138
XIX Dal medico	Modelli di lingua abituali quando ci si fa visitare dal medico. Come si chiede per telefono l'orario di ambulatorio. Guardia medica festiva. Visita specialistica. In farmacia: modelli di lingua abituali quando si chiedono medicinali di largo uso. *Difendiamo la salute*	Imperativo nella forma positiva e negativa di verbi regolari, irregolari e pronominali. Presente indicativo di alcuni verbi regolari ed irregolari. Condizionale di cortesia. Condizionale con valore di ipotesi (Dovrebbe essere...). Aggettivo interrogativo «che». Aggettivo indefinito «alcuni». Proposizioni interrogative indirette. Passaggio dal discorso diretto al discorso indiretto.	146
XX Un invito	Che cosa si fa quando si accetta un invito. Come si prende un appuntamento. Come si rifiuta un invito. Che cosa si dice parlando di esami. Come si saluta una persona che parte. Come si chiede ad una persona di che segno è. Come si fanno gli auguri di compleanno. *Alcuni aspetti della cultura architettonica in Italia*	Pensare + «di» + infinito. Forma passiva al presente. Alcune forme dell'imperativo. L'imperfetto indicativo come corrispondente del condizionale di cortesia del verbo «volere». Pronomi personali combinati.	154

Sì, parlo italiano!

Pietro e Mary in treno   Unità 1

Pietro	È libero questo posto?
Mary	Sì, prego!
Pietro	Il mio nome è Pietro. Tu come ti chiami?
Mary	Mi chiamo Mary.
Pietro	Sei inglese?
Mary	No, sono australiana.
Pietro	Studi?
Mary	Sì, studio lingue all'università.
Pietro	Dove?
Mary	A Firenze.
Pietro	Io sono proprio di Firenze.
Mary	Da che parte abiti?
Pietro	In centro.
Mary	Anch'io.
Pietro	Se vuoi, possiamo vederci qualche volta.
Mary	Volentieri!
Pietro	Qual è il tuo indirizzo?
Mary	Via Tornabuoni numero 2.
Pietro	E il numero di telefono?
Mary	381623 (trentotto-sedici-ventitré.)

1. Test

	Vero	Falso
1. *Pietro e Mary sono in aereo*	☐	☐
2. *Mary è australiana*	☐	☐
3. *Mary studia medicina*	☐	☐
4. *Pietro è di Roma*	☐	☐
5. *Pietro abita in periferia*	☐	☐
6. *Mary abita in Via Tornabuoni*	☐	☐

2. Rispondete alle seguenti domande

1. Dove sono i due ragazzi?
....
2. Come si chiama lui?
....
3. Come si chiama lei?
....
4. Di che nazionalità è lui?
....
5. Di che nazionalità è lei?
....
6. Che cosa studia Mary?
....
7. Dove studia?
....
8. Di dove è Pietro?
....
....

9. Da che parte abita Pietro?

....

....

10. Qual è l'indirizzo di Mary?

....

....

3. Completate il seguente dialogo

Pietro	È .... questo posto?
Mary	Sì, ...
Pietro	.... Pietro. E tu come ti chiami?
Mary	.... Mary.
Pietro	.... inglese?
Mary	No, ... australiana.
Pietro	Studi?
Mary	Sì, ... lingue .... università.
Pietro	..................?
Mary	A Firenze.
Pietro	Io sono proprio .... Firenze.
Mary	.... che parte abiti?
Pietro	.... centro.
Mary	Anch'io.
Pietro	Se vuoi possiamo vederci qualche ....
Mary	Volentieri!
Pietro	Qual è il tuo .... ?
Mary	Via Tornabuoni numero 2.

4. Rispondete alle seguenti domande

1. Lei è in treno, che cosa domanda per sapere se un posto è libero?
   ....

2. Che cosa chiede ad un ragazzo o ad una ragazza per sapere come si chiama?
   ....

3. Lei come si chiama?
   ....

4. Che cosa domanda ad una persona per sapere di che nazionalità è?
   ....

5. Che cosa risponde alla domanda: «Di che nazionalità è?»
   ....

6. Vuole sapere da che parte abita un ragazzo o una ragazza: che cosa domanda?
   ....

7. Se una persona Le domanda da che parte abita, che cosa risponde?
   ....

5. Conversazioni

Confidenziale (tu)

1.
Ciao, Mario!
Ciao!
Come stai?
Abbastanza bene, e tu?
Non c'è male, grazie!
2.
Ciao, Sergio!
Ciao!
Ti presento un mio amico.
Guido.
3.
Scusa, posso chiudere il finestrino?
Fai pure!

Formale (Lei)

1.
Buongiorno, signora!
Buongiorno!
Come sta?
Abbastanza bene, e Lei?
Non c'è male, grazie!
2.
Buonasera, ingegnere!
Buonasera!
Le presento il dottor Rossi.
Molto piacere: Tosti.
3.
Scusi, posso chiudere il finestrino?
Prego, faccia pure!

Viaggiare in Italia

1 Il porto di Genova, il più importante in Italia.

2 Un biglietto ferroviario di seconda classe.

3 Pagina di un un orario ferroviario.

4 Un aereo dell'Alitalia, la compagnia di bandiera.

2

14				FIRENZE - BOLOGNA - MILANO							14
		✉	O ✉	🚄 1✉	a		🚄 1✉	✉	✉		
FIRENZE S.M.N.	p.	12.30	13.27	14.23				15.24	16.54		
BOLOGNA C.	p.	14.01	15.00	15.46	15.52	16.05	17.12	17.21	18.20	18.48	18.55
MODENA	p.	14.26			16.17	16.31		17.49		19.13	19.22
REGGIO EMILIA	p.	14.46			16.35	16.49		18.07		19.31	19.42
PARMA	p.	15.11			16.57	17.10		18.29		19.52	20.04
FIDENZA	p.	15.26			17.12	17.26		18.45	19.21	20.09	20.20
PIACENZA	p.	15.50			17.44	18.00		19.21		20.36	20.46
MILANO CENTR.	a. V	16.40	17.10	17.40	18.35	19.00	19.05	20.20	20.30	21.30	21.45
			✉		✉	O ✉ b	🚄 1✉	1 📍 ✉		b c	
FIRENZE S.M.N.	p.		18.16		19.21	19.41	20.15				
BOLOGNA C.	p.	19.08	19.58	20.09	20.51	21.07	21.35	21.54	22.10	22.30	
MODENA	p.		20.26	20.37					22.36	22.55	
REGGIO EMILIA	p.		20.44	20.55					22.54	23.12	
PARMA	p.		21.05	21.15					23.16	23.33	
FIDENZA	p.		21.21	21.31					23.32		
PIACENZA	p.		21.48	21.58					0.02	0.09	
MILANO CENTR.	a. V	21.50	22.45	22.55	23.05	23.05	23.38	23.52	0.55	0.56	

a Si effettua dal 21-VI al 14-IX-80 – b Milano Lambrate – c Si effettua dal 26-VI al 14-IX-80

3

4

5 Un battello sul lago di Como.

6 Una ragazza chiede l'intervento del soccorso stradale.

7 Segnaletica stradale: i cartelli verdi indicano le autostrade, i blu le strade statali.

All'albergo   Unità 2

Signor Lang Buonasera!
Portiere   Buonasera, signore!
Signor Lang Vorrei una camera.
Portiere   Abbiamo una doppia con bagno e una singola senza bagno.
Signor Lang Qual è il prezzo?
Portiere   45 000 lire la doppia e 30 000 lire la singola.
Signor Lang Va bene la doppia.
Portiere   Quanti giorni si ferma?
Signor Lang Una settimana.
Portiere   Ha un documento, per favore?
Signor Lang Ecco il passaporto.
Portiere   Grazie, signore!

1. Test

	Vero	Falso
1. *In albergo c'è una camera doppia con bagno*	☐	☐
2. *La camera doppia costa 45 000 lire*	☐	☐
3. *Il signor Lang prende una camera singola*	☐	☐
4. *Il signor Lang si ferma due settimane*	☐	☐
5. *Il signor Lang ha il passaporto*	☐	☐

2. Rispondete alle seguenti domande

1. Dov'è il signor Lang?

    ....

    ....

2. Il signor Lang prende una camera singola o doppia?

    ....

    ....

3. Qual è il prezzo della camera del signor Lang?

    ....

    ....

4. Quanti giorni si ferma il signor Lang?

    ....

    ....

5. Quale documento ha il signor Lang?

    ....

    ....

3. Esercizi

A. *Modello:*

Vuole una singola?	(doppia)
No, vorrei una doppia.	

1. Vuole una singola?

.... (doppia)

2. Vuole un caffè?

.... (tè)

3. Vuole una pasta?

.... (brioche)

B. *Modello:*

(giorni)
Quanti giorni si ferma?

1. (giorni)

....

2. (settimane)

....

3. (mesi)

....

C. *Modello:*

(passaporto)
Ecco il passaporto.

1. (passaporto)

....

2. (patente)

....

3. (chiave)

....

4. Completate il seguente dialogo

Signor Lang ....
Portiere Buonasera, signore!
Signor Lang ....
Portiere Abbiamo una doppia con bagno e una singola senza bagno.
Signor Lang Va bene la doppia.
Portiere Quanti giorni si ferma?
Signor Lang ....
Portiere Ha un documento, per favore?
Signor Lang ....

5. Rispondete alle seguenti domande

1. Lei è nella reception di un albergo e vuole una camera: che cosa dice?

....

....

2. Lei vuole sapere il prezzo della stanza: che cosa dice?

....

....

3. Il portiere Le domanda quanti giorni si ferma: che cosa risponde?

   ....

   ....

4. Il portiere Le chiede se ha un documento: che cosa risponde?

   ....

   ....

5. Lei è in compagnia di un'altra persona e vuole una camera: che cosa dice?

   ....

   ....

6. Conversazioni

1. Domani mattina vorrei la sveglia alle 8.
   Qual è il numero della camera?
   Numero 328, grazie!

2. Mi prepara il conto, per favore?
   Subito, signore!
   Grazie!

3. Vorrei la colazione in camera.
   Desidera tè o caffè?
   Caffè, grazie!

4. Avete il garage?
   No, signore, ma può lasciare la macchina davanti all'albergo.
   Grazie!

7. Traducete

il dialogo «Pietro e Mary in treno» a pag. 2; ritraducete poi in italiano e confrontate con il testo originale.

Soggiorno in Italia

1. Terrazza dell'Hôtel Gritti a Venezia, uno dei più famosi nel mondo.
2. Il Palace Hôtel a Milano.
3. Dalla guida del Touring Club Italiano alcuni importanti alberghi a Venezia.
4. Un albergo a Stresa sul Lago Maggiore.

VENEZIA✶✶ (5 E2): m 2; ab. 108 723; capoluogo di regione e di provincia; sede patriarcale; Università. - Sorge sopra un arcipelago di isolette in mezzo alle acque della laguna Veneta, a 4 chilometri dalla terraferma e a 2 dal mare aperto. La singolarità della posizione, l'atmosfera luminosa che l'avvolge, la fantastica bellezza dei monumenti marmorei a specchio delle acque, la ricchezza del patrimonio artistico la fanno città unica al mondo, dall'aspetto regale, un sito di sogno, meta tra le più famose del turismo internazionale.

Nel centro della città (S. Marco, Rialto, Accademia):

- **Gritti Palace** (L.), campo S. Maria del Giglio 2467, t. 26044, telex 41125; cam. 92, tutte con b., aria condiz.; vista sul Canal Grande .... III, *F3*, **a**
- **Danieli Royal Excelsior** (L.), riva degli Schiavoni 4196, t. 26480, telex 41077; cam. 242; b. 228; d. 6; aria condiz.; vista sul bacino di S. Marco .... III, *E6*, **b**
- **Cipriani** (L.), stag., Giudecca 10 (motoscafo privato da S. Marco), t. 85068, telex 41162; cam. 100, tutte con b. o d.; aria condiz.; giardino; piscina; vista sul bacino di S. Marco .... II, *E4*, **ai**
- **Bauer Grünwald** (L.), campo S. Moisè 1440, t. 20250, telex 41075; cam. 213; b. 200; d. 5; aria condiz.; vista sul Canal Grande .... III, *E-F4*, **c**
- **Europa e Britannia** (L.), calle larga XXII Marzo 2159, t. 700477, telex 41123; cam. 155; b. 131; d. 13; aria condiz.; vista sul Canal Grande .... III, *F4*, **e**
- **Luna** (1ª cat.), calle dell'Ascensione 1243, t. 89840, telex 41236; cam. 122; b. 102; d. 9; aria condiz.; vista sul Canal Grande .... III, *E4*, **f**
- **Monaco e Gran Canal** (1ª cat.), calle Vallaresso 1325, t. 700211; cam. 80; b. 65; d. 12; aria condiz.; vista sul Canal Grande .... III, *E-F4*, **g**
- **Metropole** (1ª cat.), riva degli Schiavoni 4149, t. 705044; cam. 46, tutte con b. o d.; aria condiz.; vista sul bacino di S. Marco .... II, *C4*, **d**
- **Regina e di Roma e Vittoria** (1ª cat.), corte Barozzi 2205, t. 700544; cam. 77; b. 50; d. 9; aria condiz.; vista sul Canal Grande .... III, *F4*, **j**
- **Saturnia-International** (1ª cat.), calle larga XXII Marzo 2398, t. 25386; cam. 98; b. 73; d. 18; aria condiz. .... III, *E3*, **m**
- **Londres et Beau Rivage** (1ª cat.), riva degli Schiavoni 4171, t. 700533; cam. 67; b. 49; d. 13; vista sul bacino di S. Marco .... III, *E6*, **i**

Allo sportello del cambio Unità 3

Signor Morris   Scusi, qual è il corso del dollaro, oggi?

Impiegato   Ottocentoquarantacinque (845) lire.

Signor Morris   Allora vorrei cambiare duecento (200) dollari.

Impiegato   Che tagli preferisce?

Signor Morris   Due biglietti da cinquantamila (50 000) e il resto in biglietti da diecimila (10 000).

Impiegato   Ha il passaporto?

Signor Morris   Sì, ce l'ho: eccolo!

Impiegato   Qual è il Suo indirizzo in Italia?

Signor Morris   Pensione Sole, via Nazionale 23, Torino.

Impiegato   Vuole firmare questa ricevuta, per favore?

Signor Morris   Subito!

Impiegato   Si accomodi pure alla cassa.

Signor Morris   Grazie!

1. Test

	Vero	Falso
1. *Il signor Morris è allo sportello del cambio*	☐	☐
2. *Il signor Morris vuole cambiare trecento (300) dollari.*	☐	☐
3. *Il signor Morris vuole due biglietti da centomila (100000) lire e il resto in biglietti da ventimila (20000)*	☐	☐
4. *Il signor Morris non ha il passaporto*	☐	☐
5. *Il signor Morris firma una ricevuta*	☐	☐

2. Rispondete alle seguenti domande

1. Dov'è il signor Morris?

   ....

2. Che cosa domanda il signor Morris all'impiegato?

   ....

3. Quanti dollari vuole cambiare?

   ....

4. Che tagli preferisce?

   ....

5. Il signor Morris ha il passaporto?

   ....

6. Qual è l'indirizzo in Italia del signor Morris?

   ....

7. Che cosa firma il signor Morris?

   ....

3. Esercizi

A. *Modello:*

Ha il passaporto?
Sì, ce l'ho.

1. Ha il passaporto?

   ....

2. Ha il conto corrente?

   ....

3. Ha denaro liquido?

   ....

4. Ha la ricevuta?

   ....

5. Ha il resto?

   ....

B. *Modello:*

(dollaro)
Qual è il corso del dollaro?

1. (dollaro)

   ....

2. (marco)

   ....

3. (scellino)

   ....

4. (sterlina)

   ....

5. (peseta)

   ....

4. Completate il seguente dialogo

Signor Morris	Scusi, qual è il .... del dollaro, oggi?
Impiegato	.... lire.
Signor Morris	Allora vorrei .... 200 dollari.
Impiegato	Che tagli .... ?
Signor Morris	Due .... cinquantamila lire e il .... in biglietti .... diecimila.
Impiegato	.... il passaporto?
Signor Morris	Sì, ... : .... !
Impiegato	Qual è il Suo .... in Italia?
Signor Morris	.... Sole, ... Nazionale 23, Torino.
Impiegato	Vuole .... questa ...., per favore?
Signor Morris	Subito!
Impiegato	.... pure alla ....
Signor Morris	Grazie!

5. Conversazioni

1. Dica!
   Vorrei cambiare un traveller's chèque.
   Si accomodi allo sportello numero 3.
   Grazie!

2. Scusi, mi sa dire se c'è una banca qui vicino?
   Sì: in fondo a questa strada c'è il Banco di Roma.
   Grazie!

3. Scusi, che orario fanno le banche?
   Sono aperte tutti i giorni dalle 8,30 alle 13,20 eccetto il sabato.
   Grazie!

6. Rispondete alle seguenti domande

1. Lei è in una banca italiana e vuole sapere qual è il corso del dollaro: che cosa domanda?
   ....
   ....

2. Lei vuole cambiare dei soldi: che cosa dice?
   ....
   ....

3. L'impiegato Le domanda che tagli preferisce: che cosa risponde?
   ....
   ....

4. L'impiegato Le chiede se ha il passaporto: Lei che cosa risponde?
   ....
   ....

5. Lei è per la strada e vuole sapere se c'è una banca lì vicino: che cosa chiede ad un passante?
   ....
   ....

6. Lei vuole sapere che orario fanno le banche: che cosa domanda?
   ....
   ....

7. Traducete

il dialogo «All'albergo» a pag. 10; ritraducete poi in italiano e confrontate con il testo originale.

Denaro, denaro...

Banconote e monete italiane

Alcune banconote estere e loro dizione italiana

franco svizzero

marco

dollaro

sterlina

peseta

franco francese

In taxi Unità 4

Signora Martini	Taxi, è libero?
Tassista	Sì, dove deve andare?
Signora Martini	Alla stazione.
Tassista	Va bene, signora!
Signora Martini	Può andare più forte? Devo prendere il rapido delle otto (8).
Tassista	Purtroppo è l'ora di punta!
Signora Martini	Sì, ma non posso perdere il treno!
Tassista	Ancora pochi minuti e siamo alla stazione.
Signora Martini	Oh, eccoci arrivati! Quanto pago?
Tassista	Quattromilacinquecento (4 500) lire.
Signora Martini	Ecco a Lei cinquemila (5 000) lire. Può tenere il resto.
Tassista	Grazie, buon viaggio!

1. Test

1. *La signora Martini va*	all'aeroporto	(a)
	alla stazione	(b)
	alla metropolitana	(c)
2. *La signora Martini deve prendere*	il rapido delle otto	(a)
	il diretto delle otto	(b)
	l'espresso delle otto	(c)
3. *La signora Martini dà al tassista*	tremila (3 000) lire	(a)
	settemila (7 000) lire	(b)
	cinquemila (5 000) lire	(c)

2. Rispondete alle seguenti domande

1. Dove deve andare la signora Martini?

....

....

2. Che cosa prende la signora Martini per andare alla stazione?

....

....

3. Quale rapido deve prendere la signora Martini?

....

....

4. Perché il tassista non può andare più forte?

....

....

5. Quanto paga la signora Martini?

....

....

6. Quant'è il resto?

....

....

3. Esercizi

A. *Modello:*

Dove deve andare? (stazione)
Devo andare alla stazione.

1. Dove deve andare?
   .... (stazione)

2. Dove deve andare?
   .... (posta)

3. Dove deve andare?
   .... (università)

4. Dove deve andare?
   .... (aeroporto)

5. Dove deve andare?
   .... (Banca Commerciale)

B. *Modello:*

La signora Martini chiede: «La stazione è lontana?»
La signora Martini chiede se la stazione è lontana.

1. La signora Martini chiede: «La stazione è lontana?»
   ....

2. La signora Rossi chiede: «Il centro è vicino?»
   ....

3. Il signor Renzi chiede: «La posta è chiusa?»
   ....

4. Il signor Milani chiede: «La banca è aperta?»
   ....

5. La signora Bianchi chiede: «Il conto è caro?»
   ....

C. *Modello:*

Può andare più forte?
Purtroppo non posso!

1. Può andare più forte?

   ....

2. Può parlare più forte?

   ....

3. Può camminare più forte?

   ....

4. Completate il seguente dialogo

Signora Martini	Taxi, è .... ?
Tassista	Sì, dove .... andare?
Signora Martini	.... stazione.
Tassista	Va bene, signora!
Signora Martini	.... andare più ....? .... prendere il rapido .... otto.
Tassista	Purtroppo è l'ora ....!
Signora Martini	Sì, ma non posso .... il treno!
Tassista	Ancora .... minuti e siamo .... stazione.
Signora Martini	Oh, ... arrivati! Quanto ....?
Tassista	Quattromilacinquecento lire.
Signora Martini	Ecco .... Lei cinquemila lire, può .... il resto.
Tassista	Grazie, ... viaggio!

5. Conversazioni

1. *Signor Noiret*   Scusi, c'è un posteggio di taxi qui vicino?
   Passante   Sì, in Piazza Garibaldi.
   Signor Noiret   Grazie, molto gentile!

2. *Signorina Maria*   Pronto? Posteggio taxi?
   Tassista   Sì, dica!
   Signorina Maria   Può venire in Via Nazionale, numero 15?
   Tassista   Subito!

Alla fermata dell'autobus

Scusi, che autobus posso prendere per Piazza Euclide?
Il 107.
Ogni quanto passa?
Ogni dieci minuti.

In autobus

Dove dobbiamo scendere per Via Michelotti?
Alla prossima fermata.
Per favore, può avvisarmi quando siamo vicini a Viale Marconi?
Senz'altro!

6. Rispondete alle seguenti domande

1. Lei vuole prendere un taxi. Che cosa chiede al tassista?

   ....

2. Che cosa chiede al tassista prima di scendere dal taxi?

   ....

3. In Italia è possibile fermare un taxi per la strada.
   Si può fare anche nel Suo paese?

   ....

4. La signora Martini dà 500 lire di mancia al tassista.
   Anche nel Suo paese si dà la mancia al tassista?

   ....

7. Traducete

il dialogo «Allo sportello del cambio» a pag. 18; ritraducete poi in italiano e confrontate con il testo originale.

Muoversi in città

1

2
Senso proibito
Divieto di svolta a sinistra
Incrocio
Passaggio a livello custodito
Divieto di sosta
Senso obbligatorio

3

1 Traffico in un'ora di punta a Roma.
2 Segnaletica stradale in città.
3 Un vigile urbano dà via libera.
4 Un tassista risponde alla chiamata.
5 Biglietto per i mezzi pubblici di Milano.
6 Una stazione della metropolitana milanese.

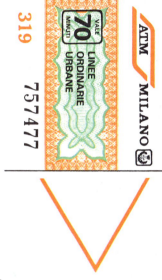

Al bar Unità 5

Anna	Ci sediamo dentro o fuori?
Ingrid	È una bella giornata: restiamo fuori!
Anna	Che cosa prendiamo?
Ingrid	Io prendo una spremuta di pompelmo senza zucchero.
Anna	Non vuoi qualcosa da mangiare?
Ingrid	No, grazie, sono a dieta.
Anna	Cameriere, per favore!
Cameriere	Prego, cosa desiderano?
Anna	Una spremuta di pompelmo senza zucchero e un gelato.
Cameriere	Il gelato con o senza panna?
Anna	Con panna, grazie!

1. Test

	Vero	Falso
1. *Anna ed Ingrid sono al bar*	☐	☐
2. *Ingrid prende una pasta*	☐	☐
3. *Ingrid prende una spremuta di pompelmo senza zucchero*	☐	☐
4. *Anna prende un gelato*	☐	☐
5. *Anna prende un gelato senza panna*	☐	☐

2. Rispondete alle seguenti domande

1. Dove si siedono Anna ed Ingrid?

   ....

2. Che cosa prende Ingrid?

   ....

3. Perché Ingrid non prende niente da mangiare?

   ....

4. Che cosa prende Anna?

   ....

3. Esercizi

A. *Modello:*

Ingrid dice: «È una bella giornata.»
Ingrid dice che è una bella giornata.

1. Ingrid dice: «È una bella giornata.»

   ....

2. Mario dice: «È un bel film.»

....

3. Maria dice: «È un bell'albergo.»

....

4. Paolo dice: «È una bella camera.»

....

B. *Modello:*

(mangiare)
Non vuoi qualcosa da mangiare?

1. (mangiare)

....

2. (bere)

....

3. (leggere)

....

C. *Modello:*

Vuole il gelato con o senza panna?
Con panna, grazie!

1. Vuole il gelato con o senza panna?

....
....

2. Vuole il the con o senza limone?

....
....

3. Vuole la spremuta con o senza zucchero?

....
....

4. Conversazioni

Confidenziale (tu)

1.
Ciao, Franco!
Salve, Luigi!
Prendi qualcosa?
Volentieri!

2.
Ti va un caffè?
No, grazie, preferisco un latte macchiato.

Formale (Lei)

1.
Buongiorno, dottor Marri!
Buongiorno, signor Rossi!
Posso offrirle qualcosa?
Grazie!

2.
Prende un caffè?
No, grazie, preferisco un latte macchiato.

Al tavolo di un bar

Cameriere, il conto per favore!
Una birra e un tramezzino... sono 1 500 lire.

Al banco di un bar

1. Un cappuccino e una pasta. Ritiri lo scontrino alla cassa, per favore!

2. Quant'è un cappuccino e una pasta? Settecento lire, grazie.

5. Completate il seguente dialogo:

Anna Ci sediamo dentro o ....?

Ingrid È una .... giornata: .... fuori!

Anna Che cosa ....?

Ingrid Io prendo una .... pompelmo, ... zucchero.

Anna Non vuoi qualcosa .... mangiare?

Ingrid No, grazie, sono .... dieta.

Anna	Cameriere, ... favore!
Cameriere	Prego, cosa desiderano?
Anna	Una spremuta di pompelmo .... zucchero e un ....
Cameriere	Il gelato con o .... panna?
Anna	.... panna, grazie!

6. Rispondete alle seguenti domande

1. Lei è al bar e vuole offrire qualcosa ad un amico.
   Che cosa dice?

   ....

   ....

2. Lei è al bar e vuole offrire qualcosa ad una signora.
   Che cosa dice?

   ....

   ....

3. Lei è seduto al tavolo di un bar e vuole pagare il conto.
   Che cosa dice?

   ....

   ....

4. Lei è in piedi al banco di un bar e vuole pagare.
   Che cosa dice?

   ....

   ....

7. Traducete

il dialogo «In taxi» a pag. 26; ritraducete poi in italiano e confrontate con il testo originale.

Posso offrirle qualcosa?

1/2 Gelati e caffè, due tipici prodotti italiani. Un bar nella piazza del Campo a Siena e un venditore ambulante di gelati.

3/4 Potete trovarli anche all'estero! Un caffè e una gelateria a New York.

3

4

Al ristorante Unità 6

Ugo	Cameriere, la carta per favore!
Cameriere	Subito, signore!
Ugo	Vedo qui tortellini alla panna. Sono buoni?
Cameriere	Certamente! Sono la specialità della casa.
Ugo	Allora una porzione abbondante.
Cameriere	E per secondo che cosa prende?
Ugo	Scaloppe alla valdostana!
Cameriere	Preferisce vino bianco o rosso?
Ugo	Un buon Chianti e mezza minerale.
Cameriere	Per finire macedonia o frutta fresca?
Ugo	Se c'è, un gelato.
Cameriere	Desidera anche un caffè?
Ugo	Sì, un caffè corretto con cognac.

1. Test

1. *Ugo è*	al bar	(a)
	al ristorante	(b)
	alla tavola calda	(c)
2. *Ugo prende*	tortellini alla panna	(a)
	spaghetti al pomodoro	(b)
	zuppa di verdura	(c)
3. *Ugo preferisce*	macedonia	(a)
	frutta fresca	(b)
	un gelato	(c)

2. Rispondete alle seguenti domande

1. Dov'è Ugo?

....

2. Che cosa chiede al cameriere?

....

3. Qual è la specialità della casa?

....

....

4. Che cosa prende Ugo per secondo?

....

5. Che cosa prende da bere?

....

....

6. E per finire che cosa prende?

....

7. Come desidera il caffè?

....

....

3. Esercizi

A. *Modello:*

(tortellini alla panna)
Ci sono i tortellini alla panna?

1. (tortellini alla panna)

   ....

2. (tagliatelle al ragù)

   ....

3. (spaghetti alle vongole)

   ....

B. *Modello:*

Preferisce il vino o la birra?
Preferisco il vino.

1. Preferisce il vino o la birra?

   ....

2. Preferisce le lasagne o gli gnocchi?

   ....

3. Preferisce il pollo o il coniglio?

   ....

4. Completate il seguente dialogo

Ugo	Cameriere, ... per favore!
Cameriere	Subito, signore!
Ugo	Vedo .... tortellini .... panna: sono buoni?

Cameriere	Certamente! Sono la .... della ....
Ugo	Allora una .... abbondante.
Cameriere	E .... secondo che cosa prende?
Ugo	Scaloppe .... valdostana!
Cameriere	.... vino .... o ....?
Ugo	Un buon Chianti .... mezza ....
Cameriere	Per finire macedonia o .... fresca?
Ugo	Se ...., un gelato.
Cameriere	Desidera anche un caffè?
Ugo	Sì, un caffè .... cognac.

5. **Conversazioni**

Confidenziale (tu)
1.
Enzo, conosci un buon ristorante a prezzo fisso?
Sì, c'è una trattoria tipica proprio in fondo alla strada.
Come si chiama?
«La Stalla».

Formale (Lei)
1.
Può indicarmi un buon ristorante a prezzo fisso?
Sì, c'è una trattoria tipica proprio in fondo alla strada.
Come si chiama?
«La Stalla».

2. Cameriere!
Dica, signore!
Il conto, per favore!
Subito, signore!

3. Pronto, ristorante «Sole»?
Sì, dica!
Vorrei prenotare un tavolo per quattro persone.
Per che ora?
Per le nove.
Va bene, signore!

4. Quanti siete?
Quattro.
Potete accomodarvi qui!

6. Rispondete alle seguenti domande

1. Lei è al ristorante e vuole sapere che cosa c'è da mangiare. Cosa chiede al cameriere?

   ....

   ....

2. Lei vuole sapere qual è la specialità della casa. Che cosa dice al cameriere?

   ....

   ....

3. Il cameriere Le chiede che cosa prende per secondo. Lei cosa risponde?

   ....

   ....

4. Lei che cosa prende di solito dopo il secondo?

   ....

   ....

5. Che cosa chiede alla fine del pranzo?

   ....

   ....

6. Lei vuole prenotare un tavolo in un ristorante. Come fa?

   ....

   ....

7. Lei vuole trovare un ristorante a prezzo fisso. Che cosa domanda ad un passante?

   ....

   ....

7. Traducete

il dialogo «Al bar» a pag. 34; ritraducete poi in italiano e confrontate con il testo originale.

Fermatevi a mangiare da noi

Antipasti

Grancevole fresche (quando c'è)	5.000
Culatello di Zibello	2.500
Salame di Felino	2.000
Bresaola della Valtellina	2.000
Verdure in pinzimonio	2.000
Speck dell'Alto Adige	2.000
Prosciutto crudo di Langhirano	2.000

Minestre

Risotto al Pistacchio	3.500
Risotto espresso alla grancevola (minimo per 2 persone) 20 minuti attesa	3.000 porz.
Spaghetti ai frutti di mare	3.000
Spaghetti al cartoccio (minimo per 2 persone) porz.	3.000
Linguine al pesto genovese	1.800

Pesce

Antipasto misto di pesce speciale caldo	4.000
Grancevola olio e limone	3.600
Cocktail di scampi	5.000
Salmone vero scozzese affumicato	5.000
Zuppetta di frutti di mare alla pescatora	5.000
Ostriche Belons (da ott. a marzo) cad.	1.500
Ostriche Concave (da ott. a marzo) cad.	1.500

Carne

Roberspierre (per 2 persone)	12.000
Vera Fiorentina (ogni hg.)	1.500
Costata alla griglia	6.000
Costoletta di vitello alla Milanese	5.000
Quando c'è Cervella di vitello fresca al tegamino	5.500
Fegato di vitello alla salvia	5.000
Mixed grill	5.000
Saltimbocca alla romana	5.500

Legumi

Verdure cotte all'agro 1.000 — Insalatine di stagione 1.200 — Pomodoro mozzarella e basilico 4.500

IL PIATTO DEI FORMAGGI: Gorgonzola di Trecate, Pecorino Toscano, Parmigiano Reggiano (porz.) 1.500, ½ Mozzarella di Battipaglia 4.000

1 Una vecchia insegna di un tipico ristorante sul mare.

2 La cucina italiana è apprezzata in tutto il mondo: nella foto l'insegna di una trattoria italiana in Scandinavia.

3 Alcuni tipi di pasta: spaghetti, maccheroncini, farfalle, tagliatelle e lasagne verdi, tortellini.

Ai telefoni pubblici di Firenze Unità 7

Ineke, una ragazza olandese, vuole telefonare alla sua famiglia e va alla S.I.P. (Società italiana per l'esercizio telefonico).

Ineke	Vorrei parlare con Amsterdam, per favore.
Impiegata	Qual è il numero dell'abbonato?
Ineke	Ventotto - quindici - trentasei (28-15-36), famiglia Van Dik.
Impiegata	La linea è occupata, signorina.
Ineke	Bisogna aspettare molto?
Impiegata	Penso di no. Ora provo a chiamare di nuovo.
Ineke	Grazie, molto gentile!
Impiegata	Amsterdam in linea. Cabina numero sedici (16).
Ineke	Quanto pago?
Impiegata	Sono sei minuti, dunque ... tremilasettecentocinquanta (3 750) lire.

1. Test

	Vero	Falso
1. *Ineke è una ragazza danese*	☐	☐
2. *Ineke vuole telefonare alla sua famiglia*	☐	☐
3. *La linea telefonica è libera*	☐	☐
4. *Ineke deve aspettare molto*	☐	☐
5. *Ineke parla sei minuti*	☐	☐

2. Rispondete alle seguenti domande

1. Dov'è Ineke?

　..

　..

2. Di che nazionalità è?

　..

3. A chi vuole telefonare?

　..

4. La linea telefonica è libera?

　..

　..

5. Ineke deve aspettare molto?

　..

6. In quale cabina va Ineke?

　..

7. Quanti minuti parla?

　..

　..

3. Esercizio

Modello:

Bisogna aspettare molto?
Penso di no.

1. Bisogna aspettare molto?

....

....

2. Bisogna pagare molto?

....

....

3. Bisogna camminare molto?

....

....

4. Completate il seguente dialogo

Ineke	.... parlare .... Amsterdam, per favore.
Impiegata	Qual è il numero dell' ....?
Ineke	Ventotto - quindici - trentasei, ... Van Dik.
Impiegata	La .... è occupata, signorina.
Ineke	.... aspettare molto?
Impiegata	Penso .... no. Ora provo .... chiamare .... nuovo.
Ineke	Grazie, molto gentile!
Impiegata	Amsterdam .... linea .... numero sedici.
Ineke	.... pago?
Impiegata	Sono sei minuti, ... tremilasettecentocinquanta lire.

5. Conversazioni

1. *Signor López*   Scusi, signore, c'è un telefono pubblico?
   Passante   Sì, a cento metri da qui c'è una cabina.

2. *Signor López*   Vorrei venti gettoni.
   Barista   Subito, signore.
   Signor López   Mi dà anche l'elenco telefonico?
   Barista   Ecco a Lei!

3. *Signorina Perlier*   Vorrei fare una chiamata «erre» a Parigi.
   Impiegata   Che numero?
   Signorina Perlier   Duecentosettantotto - settanta - quarantadue.

4. Pronto, Servizio Informazioni?
   Sì. Desidera?
   Vorrei il numero telefonico di un abbonato di Milano.
   Chiami il 181.

5. Pronto, 181?
   Sì. Desidera?
   Vorrei sapere il prefisso di Bologna.
   051.
   Grazie.

6. Rispondete alle seguenti domande

1. Lei è alla S.I.P. e vuole telefonare alla Sua famiglia.
   Che cosa dice all'impiegata?

   ....

2. Lei vuole fare una telefonata in un'altra città.
   Che cosa fa?

   ....

3. Lei vuole telefonare ad una persona e non ricorda
   il numero telefonico. Che cosa fa?

   ....

7. Traducete

il dialogo «Al ristorante» a pag. 42; ritraducete poi in italiano e confrontate con il testo originale.

La stampa in Italia

I quotidiani sono circa ottanta ed i periodici circa seimila. I giornali più diffusi sono il «Corriere della sera» di Milano, «La stampa» di Torino, «Il Giorno» di Milano, «la Repubblica» di Milano e di Roma, «La Nazione» di Firenze, «Il Messaggero» di Roma, «Il Resto del Carlino» di Bologna, «Il Tempo» di Roma, «Il Mattino» di Napoli.

Molti quotidiani portano edizioni locali che assicurano una diffusione più larga in tutte le regioni, incluse quelle che non hanno giornali propri.
In genere la «terza pagina» dei quotidiani comprende pezzi di carattere prevalentemente culturale (letteratura, arte, critica).

Gli organi ufficiali dei partiti politici sono «Il Popolo» della Democrazia Cristiana (DC), «l'Unità» del Partito Comunista Italiano (PCI), «Avanti!» del Partito Socialista Italiano (PSI) ecc. ecc.

Alcuni quotidiani sono dedicati esclusivamente allo sport: i più diffusi sono «La Gazzetta dello Sport», «Tuttosport».

Molto più letti sono invece i settimanali e i mensili a diffusione popolare come i fotoromanzi e i fumetti che tappezzano le pareti delle edicole assieme alle riviste o ai rotocalchi, tra cui i più diffusi sono: «Panorama» «L'Espresso» «Famiglia Cristiana» «Epoca» «Oggi» e i periodici femminili come «Grazia» «Amica» «Annabella».

Da alcuni anni gli insegnanti portano in classe giornali e riviste per abituare i propri allievi alla lettura e alla discussione. È noto infatti che gli italiani leggono ancora molto poco, soprattutto i quotidiani.

Due amici al telefono

Unità 8

Paola	Pronto, sono Paola Bianchi; c'è Giorgio, per piacere?
La mamma di G.	Sì, lo chiamo subito.
Paola	Ciao, Giorgio, ti disturbo?
Giorgio	No, affatto!
Paola	Ho bisogno di un favore.
Giorgio	Dimmi pure!
Paola	Puoi accompagnarmi a comprare una macchina fotografica?
Giorgio	Certamente, con piacere!
Paola	Conosci un negozio non troppo caro?
Giorgio	Sì, ne conosco uno dove fanno dei buoni sconti.
Paola	Possiamo andarci oggi pomeriggio?
Giorgio	Sì. Se per te va bene, passo a prenderti alle quattro.
Paola	D'accordo, a più tardi allora!

1. Test

	Vero	Falso
1. *Giorgio telefona a Paola*	☐	☐
2. *Paola ha bisogno di un favore*	☐	☐
3. *Paola vuole comprare una macchina da scrivere*	☐	☐
4. *Giorgio non può accompagnarla*	☐	☐
5. *Giorgio conosce un negozio dove fanno dei buoni sconti*	☐	☐
6. *Giorgio passa a prendere Paola*	☐	☐

2. Rispondete alle seguenti domande

1. A chi telefona Paola?

....

2. Chi risponde al telefono?

....

3. Di che cosa ha bisogno Paola?

....

....

4. Che cosa vuole comprare?

....

....

5. Giorgio può accompagnare Paola?

....

6. A che ora passa a prenderla Giorgio?

....

....

3. Esercizi

A. *Modello:*

> Pronto, c'è Giorgio?
> *Sì, lo chiamo subito.*

1. Pronto, c'è Giorgio?
   ....
2. Pronto, c'è Maria?
   ....
3. Pronto, c'è Luigi?
   ....
4. Pronto, c'è Franca?
   ....

B. *Modello:*

> Puoi accompagnarmi?
> *Sì, ti accompagno volentieri.*

1. Puoi accompagnarmi?
   ....
   ....
2. Puoi aspettarmi?
   ....
   ....
3. Puoi aiutarmi?
   ....
   ....
4. Puoi ascoltarmi?
   ....
   ....

C. *Modello:*

Conosci un buon negozio di macchine fotografiche?
Sì, ne conosco uno.

1. Conosci un buon negozio di macchine fotografiche?

   ....

2. Conosci un buon ristorante di campagna?

   ....

3. Conosci una buona scuola di lingue?

   ....

4. Conosci un buon dizionario d'italiano?

   ....

5. Conosci una buona tavola calda?

   ....

4. Completate il seguente dialogo

Paola	................, sono Paola Bianchi; .... Giorgio, per piacere?
La mamma di Giorgio	Sì, ... chiamo subito.
Paola	................, Giorgio, ... disturbo?
Giorgio	No, ...!
Paola	.... bisogno .... un favore.
Giorgio	.... pure!
Paola	.... accompagnarmi .... comprare una .... fotografica?
Giorgio	Certamente, ... piacere!
Paola	Conosci un negozio non ....?
Giorgio	Sì, ... conosco uno dove fanno dei buoni ....
Paola	Possiamo .... oggi pomeriggio?
Giorgio	Sì. Se per .... va bene, passo .... prenderti .... quattro.
Paola	D'accordo, ... tardi allora!

5. Conversazioni

Confidenziale (tu)

1.
Pronto, Laura?
Non ti sento bene, puoi parlare più forte?
Mi senti meglio adesso?
Sì, adesso ti sento bene!

2.
Pronto, Paola? Sono Giulia. Ti disturbo?
No, per niente!

3.
Pronto, sono Giulio. C'è Mauro?
No, non è in casa.
Quando lo posso trovare?
Riprova all'ora di pranzo.
Grazie, ciao!

Formale (Lei)

1.
Pronto, signor Blasi?
Non La sento bene, può parlare più forte?
Mi sente meglio adesso?
Sì, adesso La sento bene!

2.
Pronto, signora Dotti? Sono Giulia Gentili. La disturbo?
No, non si preoccupi!

3.
Pronto, sono Giulio Franchi. C'è Mauro?
No, non è in casa.
Quando lo posso trovare?
Riprovi all'ora di pranzo.
Grazie, buongiorno!

4.
Pronto, casa Sarti?
No, casa Marzi.
Oh, scusi! Ho sbagliato numero.

6. Rispondete alle seguenti domande:

1. Lei telefona a casa di un amico. Che cosa dice alla persona che risponde?

   ....

2. Se risponde subito il Suo amico, che cosa gli dice?

   ....

3. Lei telefona ad un amico, ma non lo trova in casa. Che cosa chiede alla persona che Le risponde?

   ....

4. Lei parla al telefono con una persona, ma non sente bene. Che cosa dice?

   ....

5. Se telefona e sbaglia numero che cosa dice?

   ....

7. Traducete

il dialogo «Ai telefoni pubblici di Firenze» a pag. 50; ritraducete poi in italiano e confrontate con il testo originale.

Mercatini e artigianato

1 Tappeti di lana tessuti a mano a Urbino.
2 Il mercato di piazza delle Erbe a Padova.
3 Bicchieri a calice in vetro soffiato e decorato a mano a Murano.
4 Vasi in terracotta a Lecce.
5 Tombolo tradizionale delle merlettaie marchigiane.
6 Il famoso mercato del Porcellino a Firenze.

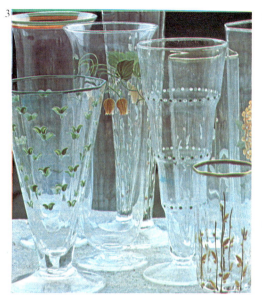

Una serata a teatro
Unità 9

Carlo	Ciao, come va?
Anna	Salve!
Carlo	Ieri sera ti ho cercato, ma non ti ho trovato!...
Anna	Infatti ero fuori con Laura.
Carlo	Che avete fatto di bello?
Anna	Siamo andate a teatro.
Carlo	Avete trovato i posti?
Anna	Sì, abbiamo trovato un palco.
Carlo	Che spettacolo avete visto?
Anna	Uno spettacolo di mimi.
Carlo	Era divertente?
Anna	Sì, molto: abbiamo riso tanto!

1. Test

	Vero	Falso
1. *Carlo ha cercato Anna e non l'ha trovata*	☐	☐
2. *Anna e Laura sono andate al cinema*	☐	☐
3. *Anna e Laura non hanno trovato i posti*	☐	☐
4. *Anna e Laura hanno visto uno spettacolo di mimi*	☐	☐
5. *Lo spettacolo non era divertente*	☐	☐

2. Rispondete alle seguenti domande

1. Che cosa ha fatto Carlo ieri sera?

   ....
   ....

2. Che cosa ha fatto Anna?

   ....
   ....

3. Dove sono andate Anna e Laura?

   ....
   ....

4. Quale spettacolo hanno visto?

   ....
   ....

5. Hanno trovato i posti?

   ....
   ....

6. Come era lo spettacolo?

   ....
   ....

3. Esercizi

A. *Modello:*

Mi hai cercato ieri sera?
No, non ti ho cercato.

1. Mi hai cercato ieri sera?
   ....

2. Mi hai telefonato ieri sera?
   ....

3. Mi hai chiamato ieri sera?
   ....

4. Mi hai sentito ieri sera?
   ....

5. Mi hai aspettato ieri sera?
   ....

B. *Modello:*

Di solito Marta esce con i suoi amici.
Infatti anche ieri è uscita con i suoi amici.

1. Di solito Marta esce con i suoi amici.
   ....

2. Di solito Franco mangia al ristorante.
   ....

3. Di solito Luisa va a scuola a piedi.
   ....

4. Di solito Ugo fa colazione al bar.
   ....

4. Completate il seguente dialogo

Carlo Ciao, come va?

Anna ....!

Carlo Ti ho cercato ieri sera, ma non ti ho trovato!

Anna ....

Carlo Che avete fatto di bello?

Anna ....

Carlo Avete trovato i posti?

Anna ....

Carlo Che spettacolo avete visto?

Anna ....

Carlo Era divertente?

Anna ....

5. Conversazioni

Al telefono

Cassiera Cinema «Moderno»; desidera?
Carla Che film date?
Cassiera «La città delle donne».
Carla A che ora comincia l'ultimo spettacolo?
Cassiera Alle dieci e mezzo.
Carla Grazie, buona sera.

1. Ci sono ancora posti per lo spettacolo di stasera?
   No, mi dispiace, sono tutti esauriti.
   Va bene, grazie lo stesso.

2. A che ora inizia lo spettacolo?
   Alle ventuno precise.
   A che ora termina?
   Verso mezzanotte.

3. Vorrei due biglietti.
   Platea o galleria?
   Platea.

6. Rispondete alle seguenti domande

1. Che cosa chiede ad un'amica che è andata a teatro?

   ....

2. Che cosa domanda per sapere che film danno?

   ....

3. Lei vuol sapere se ci sono ancora posti a teatro.
   Che cosa chiede?

   ....

4. Lei desidera due biglietti per il cinema.
   Che cosa domanda?

   ....

5. Lei preferisce andare al cinema o a teatro?

   ....

6. Domandi al Suo compagno di banco se preferisce il cinema o il teatro.

   ....

7. In Italia gli spettacoli teatrali cominciano alle nove.
   Nel Suo paese?

   ....

7. Traducete

il dialogo «Due amici al telefono» a pag. 58; ritraducete poi in italiano e confrontate con il testo originale.

Il mondo dello spettacolo

1 Il teatro alla Scala di Milano.

2 Locandina di un film western "all'italiana".

3 Una scena della commedia "Gennariello" di Eduardo De Filippo, attore e commediografo famoso in tutto il mondo.

Una domenica al mare

Unità 10

Aldo	Ciao, che fai di bello domenica?
Maria	Andrò al mare con Lucia.
Aldo	A che ora partirete?
Maria	Alle sei e torneremo in serata.
Aldo	Farete una levataccia!
Maria	Ma così non troveremo molto traffico!
Aldo	Mangerete sulla spiaggia?
Maria	Sì, porteremo la colazione al sacco. Tu che farai?
Aldo	Niente di speciale; probabilmente rimarrò in città.
Maria	Se verrai con noi, passerai una bella giornata!
Aldo	Ci penserò; grazie dell'invito.

1. Test

1. *Domenica Maria andrà*	al lago	(a)
	al mare	(b)
	in piscina	(c)
2. *Maria e Lucia torneranno*	in serata	(a)
	in nottata	(b)
	in giornata	(c)
3. *Aldo rimarrà*	in campagna	(a)
	in casa	(b)
	in città	(c)

2. Rispondete alle seguenti domande

1. Che farà di bello Maria domenica?

   ....

2. Con chi andrà al mare?

   ....

3. A che ora partiranno?

   ....

4. Quando torneranno?

   ....

5. Dove mangeranno?

   ....

6. Aldo che farà?

   ....

   ....

7. Aldo andrà con Maria e Lucia al mare?

   ....

   ....

3. Esercizi

A. *Modello:*

> Maria dice: «Andrò al mare con Lucia.»
> *Maria dice che andrà al mare con Lucia.*

1. Maria dice: «Andrò al mare con Lucia.»

   ....

2. Paola dice: «Andrò a cena con Carlo.»

   ....

3. Marta dice: «Tornerò a casa con Guido.»

   ....

B. *Modello:*

> A che ora partite?
> *Partiremo alle sei.*

1. A che ora partite?

   ....

2. A che ora arrivate?

   ....

3. A che ora uscite?

   ....

C. *Modello:*

> Verrai al mare con noi?
> *Sì, ci verrò volentieri.*

1. Verrai al mare con noi?

   ....

2. Resterai a cena con noi?

   ....

3. Tornerai a Roma con noi?

   ....

4. Completate il seguente dialogo

Aldo   Ciao, che .... bello, domenica?

Maria Andrò .... mare .... Lucia.

Aldo   .... che ora ....?

Maria .... sei e .... serata.

Aldo   Farete una ....!

Maria Ma così non .... molto ....!

Aldo   Mangerete .... spiaggia?

Maria Sì, ... la colazione al sacco. Tu che ....?

Aldo   Niente .... speciale; probabilmente .... città.

Maria Se .... noi, passerai una bella ....

Aldo   .... penserò; grazie .... invito.

5. Conversazioni

Confidenziale (tu)

1.
Scusa, Roberto, che ore fai?
Non ho l'orologio, ma saranno
le nove.
2.
Sergio, verrai in piscina con noi
sabato pomeriggio?
Purtroppo non potrò: ho molto
da fare!
3.
Mario, dove passerai
le vacanze?
In montagna.
Hai già prenotato l'albergo?
No, non ancora.
4.
Rita, quando partirai per
Viareggio?
Lunedì prossimo.
Quanto tempo ci resterai?
Una quindicina di giorni.

Formale (Lei)

1.
Sa dirmi che ore sono, per favore?
Non lo so di sicuro, ma saranno
le nove.
2.
Signor Verdi vuole venire in piscina
con noi sabato pomeriggio?
Purtroppo non potrò: ho molto
da fare!
3.
Signor Valenti, dove passerà
le vacanze?
In montagna.
Ha già prenotato l'albergo?
No, non ancora.
4.
Signora Coli, quando partirà
per Viareggio?
Lunedì prossimo.
Quanto tempo ci resterà?
Una quindicina di giorni.

6. Rispondete alle seguenti domande

1. Che cosa chiede ad un Suo amico per sapere come passerà il fine-settimana?

   ....

2. Un Suo amico Le chiede come Lei passerà il fine-settimana. Che cosa risponde?

   ....

3. Un amico La invita a passare il fine-settimana con lui. Lei che cosa risponde?

   ....

4. Domandi al Suo compagno di banco dove passerà le vacanze.

   ....

5. Domandi ad una persona che conosce quando partirà per le vacanze.

   ....

6. Domandi ad una persona che conosce quanto tempo resterà in vacanza.

   ....

7. Come passa di solito le Sue vacanze?

   ....

8. Lei come passerà il prossimo fine-settimana?

   ....

7. Traducete

il dialogo «Una serata a teatro» a pag. 66; ritraducete poi in italiano e confrontate con il testo originale.

Mare nostrum

1 La pesca del tonno in Sicilia.
2 La costa del Circeo sul mare Tirreno.
3 Il paesino di Positano nell'Italia meridionale.
4 La Grotta Azzurra a Capri.
5 Uno stabilimento balneare a Rimini sul mare Adriatico.

Viaggio in Italia Unità 11

Robert   Bentornato, Louis! Com'è andato il viaggio in Italia?

Louis   Bene, grazie! Purtroppo è già finito!

Robert   Quanto tempo ci sei stato?

Louis   Due settimane.

Robert   Hai avuto fortuna con il tempo?

Louis   Sì, c'è stato quasi sempre il sole.

Robert   Che giro hai fatto?

Louis   Le città più importanti le ho viste tutte, anche se un po' in fretta.

Robert   Hai visto anche Firenze?

Louis   Sì, e l'ho trovata molto interessante. È ricca di opere d'arte e anche la gente è simpatica!

Robert   Hai fatto amicizia con qualche italiano?

Louis   Sì, ne ho conosciuti molti, soprattutto studenti.

Robert   Hai fatto delle fotografie?

Louis   Sì, ne ho fatte molte!

1. Test

	Vero	Falso
1. *Louis ha fatto un viaggio in Italia*	☐	☐
2. *Louis è rimasto in Italia tre settimane*	☐	☐
3. *Louis non ha avuto fortuna con il tempo*	☐	☐
4. *Louis ha visto le città più importanti*	☐	☐
5. *Louis ha conosciuto pochi italiani*	☐	☐
6. *Louis ha fatto molte fotografie*	☐	☐

2. Rispondete alle seguenti domande

1. Dov'è stato Louis?

   ....

2. Louis ha avuto fortuna con il tempo?

   ....

3. Louis ha visitato Firenze?

   ....

4. Louis ha conosciuto molti italiani?

   ....

5. Louis ha fatto delle fotografie?

   ....

3. Esercizi

A. *Modello:*

> Robert chiede: «Louis, hai avuto fortuna con il tempo?»
> *Robert chiede a Louis se ha avuto fortuna con il tempo.*

1. Robert chiede: «Louis, hai avuto fortuna con il tempo?»

   ....

2. Mary chiede: «John, hai avuto problemi con la macchina?»

....

3. Peter chiede: «Paul, hai avuto occasione di conoscere gente nuova?»

....

B. *Modello:*

Hai conosciuto qualche italiano?
Sì, ne ho conosciuti molti.

1. Hai conosciuto qualche italiano?

....

2. Hai visto qualche film?

....

3. Hai letto qualche libro?

....

C. *Modello:*

Hai visto Firenze?   (un anno fa)
Sì, l'ho vista un anno fa.

1. Hai visto Firenze?

.... (un anno fa)

2. Hai incontrato Carla?

.... (due giorni fa)

3. Hai invitato la signorina Rossi?

.... (tre sere fa)

D. *Modello:*

Hai fatto delle fotografie?
Sì, ne ho fatte molte.

1. Hai fatto delle fotografie?

   ....

2. Hai incontrato delle difficoltà?

   ....

3. Hai fatto delle traduzioni?

   ....

4. Completate il seguente dialogo

Robert ...., Louis! .... è andato il viaggio .... Italia?

Louis Bene, grazie! .... è .... finito!

Robert ....tempo .... sei stato?

Louis Due settimane.

Robert .... fortuna .... il tempo?

Louis Sì, ... stato .... sempre il sole.

Robert Che .... hai fatto?

Louis Le città .... importanti .... ho .... tutte; anche se un po' ....

Robert .... visto anche Firenze?

Louis Sì, e .... ho .... molto interessante. È ricca .... opere .... arte e anche la gente .... simpatica.

Robert Hai .... amicizia con .... italiano?

Louis Sì, ne ho .... molti, ... studenti.

Robert Hai fatto .... fotografie?

Louis Sì, ... ho .... molte!

5. Conversazioni

1. Scusi, che strada devo prendere per il centro?
   Vada sempre diritto e al primo semaforo giri a destra.
   È molto lontano da qui?
   No, può andarci anche a piedi.

2. Mi scusi, è questa la strada per Forte dei Marmi?
   No, ha sbagliato. Deve tornare indietro.
   Può indicarmela sulla carta?
   Sì, volentieri!

3. Per favore, dov'è il casello autostradale più vicino?
   A pochi chilometri da qui: se segue l'indicazione del cartello verde, non può sbagliare.
   Grazie!

4. Scusi, signorina, a che ora parte il prossimo treno per Pisa?
   Alle nove e trentacinque (9.35) dal terzo binario.
   Bisogna cambiare?
   Sì, a Firenze c'è la coincidenza.

6. Rispondete alle seguenti domande

1. Che cosa domanda ad un amico che è appena tornato da un viaggio?

   ....

2. Lei vuole sapere la strada per il centro della città. Che cosa chiede?

   ....

3. Lei vuole andare in una città, ma non conosce la strada. Che cosa domanda?

   ....

4. Lei vuole prendere l'autostrada, ma non sa dov'è il casello autostradale. Che cosa domanda?

   ....

5. Lei vuole andare in un'altra città con il treno, ma non conosce l'orario. Che cosa domanda?

   ....

6. Racconti un Suo viaggio in treno o in macchina.

   ....

7. Traducete

il dialogo «Una domenica al mare» a pag. 74; ritraducete poi in italiano e confrontate con il testo originale.

Alcuni aspetti della Toscana

1

2

1   Una tipica casa circondata da olivi e cipressi.

2/3 Il Ponte Vecchio e il palazzo della Signoria a Firenze.

4   La Maremma toscana, terra affascinante e selvaggia.

In Questura Unità 12

Agente — Si accomodi! Dica pure!
Sig.ra Thompson — Ho perso il portafoglio.
Agente — C'erano molti soldi?
Sig.ra Thompson — Circa cinquantamila lire (50 000).
Agente — C'erano anche dei documenti?
Sig.ra Thompson — Sì, purtroppo anche il passaporto.
Agente — Allora deve fare subito la denuncia.
Sig.ra Thompson — Che cosa occorre per farla?
Agente — Ci vuole un foglio di carta bollata da duemila (2 000) lire.
Sig.ra Thompson — E dopo?
Agente — Dopo dovrà fare una richiesta di duplicato all'Ambasciata del Suo Paese.
Sig.ra Thompson — E per il portafoglio cosa devo fare?
Agente — Si rivolga ai Vigili Urbani.
Sig.ra Thompson — Grazie, molto gentile. ArrivederLa!

1. Test

1. *La signora Thompson ha perso*   la borsa   (a)
   il portafoglio   (b)
   le chiavi   (c)

2. *Nel portafoglio c'erano circa*   ottanta dollari   (a)
   trenta sterline   (b)
   cinquantamila lire   (c)

3. *Per fare la denuncia occorre*   un foglio di carta semplice   (a)
   un foglio di carta bollata   (b)
   un foglio di carta da lettere   (c)

4. *La signora Thompson dovrà fare la richiesta di duplicato*   alla Questura   (a)
   al Tribunale   (b)
   all'Ambasciata   (c)

5. *Per la perdita del portafoglio la sig.ra Thompson si rivolge*   ai vigili urbani   (a)
   ai carabinieri   (b)
   ai vigili del fuoco   (c)

2. Rispondete alle seguenti domande

1. Dov'è la signora Thompson?

   ....

2. Perché è in Questura?

   ....

3. Che cosa c'era nel portafoglio?

   ....

4. Che cosa deve fare la signora Thompson per il passaporto?

   ....

5. Che cosa occorre per fare la denuncia?

   ....

6. A chi dovrà chiedere un duplicato del passaporto?

   ....

7. Che cosa deve fare per il portafoglio?

....

3. Esercizi

A. *Modello:*

Che cosa c'era nel portafoglio? (soldi)
C'erano dei soldi.

1. Che cosa c'era nel portafoglio?

.... (soldi)

2. Che cosa c'era nella borsa?

.... (documenti)

3. Che cosa c'era nel pacco?

.... (regali)

B. *Modello:*

Che cosa occorre per fare la denuncia?
Occorre un foglio di carta bollata.

1. Che cosa occorre per fare la denuncia?

....

2. Che cosa serve per fare l'iscrizione?

....

3. Che cosa ci vuole per fare il duplicato?

....

C. *Modello:*

La signora Thompson dice: «Ho perso il portafoglio.»
La signora Thompson dice che ha perso il portafoglio.

1. La signora Thompson dice: «Ho perso il portafoglio.»

   ....

2. Il signor Robinson dice: «Ho perso le chiavi.»

   ....

3. La signorina Johnson dice: «Ho perso l'ombrello.»

   ....

4. Completate il seguente dialogo

Agente	Si accomodi! Dica pure!
Sig.ra Thompson	Ho .... il portafoglio.
Agente	.... molti soldi?
Sig.ra Thompson	.... cinquantamila lire (50 000).
Agente	C'erano anche dei .... ?
Sig.ra Thompson	Sì, ... anche il ....
Agente	Allora deve .... subito la ....
Sig.ra Thompson	Che cosa .... per .... ?
Agente	.... un foglio di carta .... da duemila lire.
Sig.ra Thompson	E dopo?
Agente	Dopo dovrà fare una richiesta di .... all'.................. del .... Paese.
Sig.ra Thompson	E .... il portafoglio cosa devo fare?
Agente	Si rivolga ai .... Urbani.
Sig.ra Thompson	Grazie, molto gentile. ....!

5. Conversazioni

1. Scusi, è qui che rilasciano il permesso di soggiorno?
   No, non è qui: si rivolga all'ufficio stranieri.

2. Lei è passato con il rosso; è in contravvenzione.
   Scusi, ma non ho visto il semaforo.
   Per questa volta vada pure, ma stia più attento!

6. Rispondete alle seguenti domande

1. Che cosa deve fare se perde il passaporto?
   ....

2. Per avere il duplicato del passaporto che occorre fare?
   ....

3. Le è mai capitato di rivolgersi alla Questura in un paese straniero? Perché?
   ....

4. Rivolga la stessa domanda al Suo compagno di banco.
   ....

5. Lei ha mai guidato la macchina sulle strade italiane?
   ....

6. Lei ha mai preso una contravvenzione in Italia?
   ....

7. Che cosa pensa del traffico in Italia?
   ....

7. Traducete

il dialogo «Viaggio in Italia» a pag. 82; ritraducete poi in italiano e confrontate con il testo originale.

Feste e tradizioni popolari

1

2

3

1 La corsa del Palio, che si ripete ogni anno in Piazza del Campo a Siena, è una delle più famose manifestazioni folkloristiche.

2 La Corsa dei Ceri a Gubbio in Umbria: i tre grandi ceri di legno vengono portati a spalla per la città.

3 La regata storica sul Canal Grande a Venezia che risale, come tutte le feste popolari italiane, a tempi antichissimi.

4 Marostica (Vicenza): la partita a scacchi che si svolge ogni due anni sul Campo Grande del Castello.

In un negozio di abbigliamento Unità 13

Giulia	Buongiorno!
Commessa	Buongiorno, signorina! Desidera?
Giulia	Vorrei vedere un paio di pantaloni di velluto a coste, ma non troppo pesanti.
Commessa	Si accomodi. Le faccio vedere i modelli che abbiamo.
Giulia	Grazie, molto gentile!
Commessa	Questi sono di linea dritta e taglio maschile.
Giulia	E quelli lì, invece?
Commessa	Sono di un tessuto molto bello, morbido, in pura lana.
Giulia	E il modello?
Commessa	Questi hanno una linea più ampia e sono più eleganti degli altri. Li vuole provare tutti e due?
Giulia	Sì, volentieri!
Commessa	Che taglia ha?
Giulia	La quarantasei (46).
Commessa	Ecco a Lei! Si accomodi in cabina.
Giulia	Questi di lana mi stanno meglio!
Commessa	E non sono neanche cari.
Giulia	Quanto vengono?
Commessa	Trentacinquemila lire (35 000).
Giulia	Non può farmi un po' di sconto?
Commessa	Mi dispiace, signorina: abbiamo prezzi fissi.

1. Test

1. *Giulia vuole vedere*　　　　　un paio di calze　　　　(a)
　　　　　　　　　　　　　　　un paio di scarpe　　　　(b)
　　　　　　　　　　　　　　　un paio di pantaloni　　　(c)

2. *Giulia porta la taglia*　　　　quarantasei　　　　　　(a)
　　　　　　　　　　　　　　　quarantadue　　　　　　(b)
　　　　　　　　　　　　　　　quarantaquattro　　　　　(c)

3. *Giulia prende un paio di pantaloni* di cotone　　　　(a)
　　　　　　　　　　　　　　　di lana　　　　　　　　(b)
　　　　　　　　　　　　　　　di lino　　　　　　　　(c)

2. Rispondete alle seguenti domande

1. Dov'è Giulia?

....

2. Che cosa vorrebbe vedere?

....

3. Quanti sono i modelli che la commessa le fa vedere?

....

4. Quali pantaloni prova?

....

5. Dove va per provarli?

....

6. Che taglia ha?

....

7. Quale paio di pantaloni le sta meglio?

....

8. Quanto vengono i pantaloni che sceglie Giulia?

....

9. Che cosa chiede Giulia alla commessa?

....

10. Che cosa risponde la commessa?

....

3. Esercizi

A. *Modello:*

Mi fa vedere i modelli che avete?
Glieli faccio vedere subito.

1. Mi fa vedere i modelli che avete?
   ....
2. Mi fa vedere i colori che avete?
   ....
3. Mi fa vedere i tessuti che avete?
   ....

B. *Modello:*

Quei pantaloni ti stanno bene.
Sì, ma questi mi stanno meglio.

1. Quei pantaloni ti stanno bene.
   ....
2. Quelle scarpe ti stanno bene.
   ....
3. Quegli stivali ti stanno bene.
   ....

C. *Modello:*

Giulia chiede alla commessa: «Può farmi un po' di sconto?»
Giulia chiede alla commessa se può farle un po' di sconto.

1. Giulia chiede alla commessa: «Può farmi un po' di sconto?»
   ....

2. Paola chiede alla signora: «Può prestarmi un po' di latte?»

....

3. Anna chiede al cameriere: «Può portarmi un po' di pane?»

....

4. Completate il seguente dialogo

Giulia	Buongiorno!
Commessa	Buongiorno, signorina. Desidera?
Giulia	Vorrei vedere un .... di pantaloni .... velluto .... coste, ma non troppo pesanti.
Commessa	Si accomodi .... faccio vedere i .... che abbiamo.
Giulia	Grazie, molto gentile!
Commessa	Questi sono di linea dritta e taglio maschile.
Giulia	E quelli ...., invece?
Commessa	Sono .... un tessuto molto bello, ... in pura lana.
Giulia	E il modello?
Commessa	Questi hanno una .... più ampia e sono più eleganti degli altri .... vuole provare tutti .... due?
Giulia	Sì, volentieri!
Commessa	Che .... ha?
Giulia	.... quarantasei (46).
Commessa	Ecco a Lei! Si accomodi .... cabina.
Giulia	Questi .... lana .... stanno ....!
Commessa	E non sono .... cari!
Giulia	Quanto .... ?
Commessa	Trentacinquemila lire (35 000).
Giulia	Non può .... un po' .... sconto?
Commessa	.... dispiace, signorina: abbiamo prezzi ....

5. **Conversazioni**

1. *Dal tabaccaio*

    Vorrei un francobollo per il Giappone.
    Affrancatura normale o via aerea?
    Per via aerea.
    Allora ci vogliono 310 lire.

2. *All'edicola*

    1. È uscita «Epoca»?
        No, signore: esce il giovedì!

    2. Ha giornali stranieri?
        No, ma può trovarli all'edicola vicino alla stazione o in una del centro.

3. *Dal parrucchiere*

    1. Che sciampo desidera, signora?
        Al limone, per capelli grassi.

    2. Li vuole asciugare a fon o con il casco?
        Li preferirei lisci.
        Allora con il fon.

    3. Quanto pago?
        Che cosa ha fatto?
        Taglio, frizione, messa in piega e manicure.
        Sono ventimila lire (20 000).

4. *In un negozio di calzature*

    Vorrei un paio di stivali.
    Ha già visto qualcosa in vetrina?
    Sì, quelli di camoscio nero con il tacco alto.
    Che numero porta?
    Il trentanove (39).

5. *In un negozio di alimentari*

    Vorrei un etto e mezzo di prosciutto.
    Cotto o crudo?
    Crudo, grazie.

6. *In un negozio di frutta e verdura*

    Mi dia un chilo d'uva e due chili di mele, ben mature.
    Le occorre altro?
    No, grazie, Quant'è?
    Tremilasettecentocinquanta (3 750) lire. Ha spiccioli per favore?
    No, mi dispiace, ho cinquemila (5 000) lire.
    Non fa niente: eccoLe il resto.

6. Rispondete alle seguenti domande

1. Lei vuole acquistare un paio di pantaloni: che cosa chiede alla commessa del negozio di abbigliamento?
   ....

2. La commessa Le chiede che taglia porta: che cosa le risponde?
   ....

3. Lei vuole sapere quanto costano i pantaloni: che cosa chiede?
   ....

4. I pantaloni costano troppo: che cosa chiede alla commessa?
   ....

5. Lei vuole affrancare una lettera per il Suo paese: che cosa domanda?
   ....

6. Lei vuole un giornale straniero: che cosa chiede?
   ....

7. Lei è in un negozio di alimentari e vuole comprare del prosciutto. Che cosa domanda?
   ....

8. Lei ha l'abitudine di fare spese nei grandi magazzini o nei negozi?
   ....

9. Domandi al Suo compagno di banco dove preferisce fare spese.
   ....

10. In Italia i negozi chiudono all'ora di pranzo. Anche nel Suo paese?
    ....

11. Nel Suo paese è possibile contrattare (chiedere uno sconto)?
    ....

7. Traducete

il dialogo «In Questura» a pag. 90; ritraducete poi in italiano e confrontate con il testo originale.

La febbre degli acquisti

Al ritorno dalle vacanze

Unità 14

Franco Salve, Hans! Sono contento di rivederti. Come sono andate le ferie?

Hans Molto bene, grazie! Le ho passate in montagna con la mia famiglia. E voi?

Marina Da molto tempo volevamo visitare la Grecia e quest'anno finalmente ci siamo andati. Ci siamo imbarcati ad Ancona.

Hans Quanto tempo ci siete stati?

Franco All'inizio pensavamo di fermarci una quindicina di giorni...

Hans E invece?

Franco Invece ci siamo rimasti un mese. Capirai! Con tutte le cose che c'erano da vedere!

Hans Come passavate le giornate?

Marina La mattina andavamo in spiaggia e il pomeriggio facevamo escursioni.

Hans E la sera?

Franco Di solito cenavamo in qualche ristorante tipico, e poi andavamo a ballare.

1. Test

1. *Hans ha passato le vacanze*	in campagna	(a)
	in montagna	(b)
	in città	(c)
2. *Franco e Marina pensavano di fermarsi in Grecia*	una quindicina di giorni	(a)
	tre settimane	(b)
	un mese	(c)
3. *Franco e Marina sono rimasti in Grecia*	una settimana	(a)
	due settimane	(b)
	un mese	(c)
4. *Franco e Marina la mattina andavano*	in piscina	(a)
	in spiaggia	(b)
	in barca	(c)

2. Rispondete alle seguenti domande

1. Dove ha passato le ferie Hans?

   ....

2. Con chi ha passato le ferie Hans?

   ....

3. Dove sono andati Franco e Marina?

   ....

4. Quanto tempo pensavano di starci?

   ....

5. Quanto tempo ci sono rimasti, invece?

   ....

6. Come passavano le giornate Franco e Marina?

   ....

7. Dove cenavano di solito?

   ....

3. Esercizi

A. *Modello:*

Franco e Marina hanno detto:
«Pensavamo di fermarci una quindicina di giorni».
Franco e Marina hanno detto che pensavano di fermarsi una quindicina di giorni.

1. Franco e Marina hanno detto:
   «Pensavamo di fermarci una quindicina di giorni».
   ....

2. Paolo e Luisa hanno detto:
   «Credevamo di sbrigarci in una decina di giorni».
   ....

3. Roberto e Valeria hanno detto:
   «Speravamo di incontrarci dopo una ventina di giorni».
   ....

B. *Modello:*

Come passavate le giornate?
La mattina andavamo in spiaggia, (andare in spiaggia)
il pomeriggio facevamo escursioni. (fare escursioni)

1. Come passavate le giornate?
   .... (andare in spiaggia)
   .... (fare escursioni)

2. Come passavate le giornate?
   .... (prendere il sole)
   .... (giocare a tennis)

3. Come passavate le giornate?
   .... (uscire in barca)
   .... (fare un giro in macchina)

4. Conversazioni

Confidenziale (tu)

1.
Sei stato bene ad Ischia?
Sì molto.
Come erano i prezzi?
Buoni, se pensi che era alta stagione.

2.
Lucia	Ti sei divertito in montagna, Otto?
Otto	Non molto, pioveva sempre e faceva un freddo cane.

3.
Riccardo	Pensavo di andare a Parigi per una quindicina di giorni. Tu ci sei già stato, vero, Mario?
Mario	Sì, l'anno scorso.
Riccardo	Potresti darmi qualche indicazione?

Formale (Lei)

1.
Si è trovato bene ad Ischia signor Perren?
Sì molto.
Come erano i prezzi?
Buoni, se si pensa che era alta stagione.

2.
Lucia	Si è divertito in montagna, signor Mayer?
Sig. Mayer	Non molto, pioveva sempre e faceva un freddo cane.

3.
Signor Brunetti	Pensavo di andare a Parigi per una quindicina di giorni. Lei ci è già stata, vero, Signora?
Signora Palumbo	Sì, l'anno scorso.
Signor Brunetti	Potrebbe darmi qualche indicazione?

5. Completate il seguente dialogo

Franco	.... Hans! Sono contento .... rivederti. Come sono .... le ferie?
Hans	Molto bene, grazie! .... ho .... in montagna .... la mia famiglia. E voi?
Marina	.... molto tempo .... visitare la Grecia e quest'anno .... ci siamo andati.
Hans	Quanto tempo .... siete stati?
Franco	All'inizio .... di fermarci una .... di giorni.
Hans	E invece?

Franco	Invece ci siamo rimasti un mese. Capirai! .... tutte le cose che .... da vedere!
Hans	Come .... le giornate?
Marina	La mattina .... in spiaggia e il pomeriggio .... escursioni.
Hans	E la sera?
Franco	Di solito .... in qualche ristorante tipico, e poi .... a ballare.

6. Rispondete alle seguenti domande

1. Che cosa domanda ad un amico che è appena tornato dalle ferie?
   ....

2. Che cosa domanda ad un amico per sapere dove ha passato le vacanze?
   ....

3. Lei, di solito, dove passa le vacanze?
   ....

4. Chieda al Suo compagno di banco di parlare di una sua vacanza.
   ....

5. Lei ha intenzione di passare le vacanze a Parigi. Che cosa domanda ad un amico che ci è già stato?
   ....

6. Lei ha mai passato una vacanza in Italia?
   ....

7. Traducete

il dialogo «In un negozio di abbigliamento» a pag. 98; ritraducete poi in italiano e confrontate con il testo originale.

Sport e... tifo

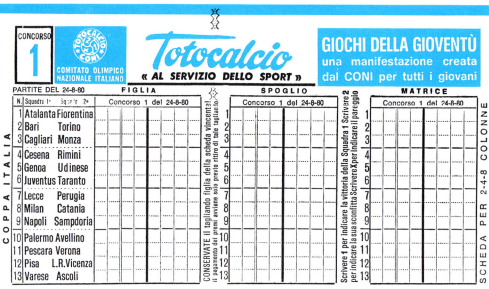

1 Una partita di calcio tra due squadre italiane molto popolari: la Juventus di Torino e il Napoli.

2 Una schedina del totocalcio, il gioco preferito dagli Italiani che tutte le settimane sognano di diventare milionari.

3/4/5 Sci, tennis e ciclismo sono, insieme al calcio, gli sports più seguiti dagli italiani.

L'Università per Stranieri di Perugia   Unità 15

Pierre	Come ti sei trovata a Perugia?
Denise	Bene, mi sono ambientata quasi subito.
Pierre	Quale corso hai frequentato?
Denise	Prima un preparatorio e poi un corso medio.
Pierre	Anch'io vorrei iscrivermi ad un corso medio. È difficile?
Denise	No, non molto.
Pierre	Che cosa si studia, oltre alla grammatica?
Denise	Si studiano anche storia e letteratura.
Pierre	Hai partecipato a qualche gita organizzata dall'Università?
Denise	Sì, sono andata ad Assisi, ad Orvieto, a Spoleto, a Todi e a Gubbio.
Pierre	Pensi di frequentare anche il corso superiore?
Denise	No, vorrei frequentare il corso speciale per iscrivermi alla facoltà di medicina.

1. Test

	Vero	Falso
1. Denise ha studiato all'Università per Stranieri di Perugia	☐	☐
2. Denise non si è trovata bene a Perugia	☐	☐
3. Denise ha frequentato solo un corso preparatorio	☐	☐
4. Pierre vorrebbe iscriversi ad un corso medio	☐	☐
5. Al corso medio si studiano grammatica, letteratura e storia	☐	☐
6. Denise non ha partecipato alle gite organizzate dall'Università	☐	☐
7. Denise vorrebbe frequentare anche il corso superiore	☐	☐

2. Rispondete alle seguenti domande

1. Dove ha studiato la lingua italiana Denise?

   ....

2. Come si è trovata a Perugia?

   ....

3. Quale corso ha frequentato?

   ....

4. Quale corso vorrebbe frequentare Pierre?

   ....

5. È difficile il corso medio?

   ....

6. Che cosa si studia al corso medio, oltre alla grammatica?

....

7. A quali gite ha partecipato Denise?

....

8. Quale corso vorrebbe frequentare Denise?

....

9. Perché?

....

3. Esercizi

A. *Modello:*

> Che cosa si studia oltre alla grammatica? (storia e letteratura)
> *Si studiano anche storia e letteratura.*

1. Che cosa si studia oltre alla grammatica?
   .... (storia e letteratura)

2. Che cosa si mangia oltre agli spaghetti?
   .... (fettuccine e ravioli)

3. Che cosa si fa oltre al tennis?
   .... (sci e nuoto)

B. *Modello:*

> Pensi di frequentare il corso superiore?
> *Sì, penso di frequentarlo.*

1. Pensi di frequentare il corso superiore?

   ....

2. Pensi di incontrare Marcello?

....

3. Pensi di studiare l'inglese?

....

4. Completate il seguente dialogo

Pierre	Come .... sei .... a Perugia?
Denise	Bene; .... sono .... quasi subito.
Pierre	Quale .... hai .... ?
Denise	Prima un .... e poi un corso ....
Pierre	..................'io vorrei .... ad un corso medio. È difficile?
Denise	No, ... molto.
Pierre	Che cosa .... studia, ... alla grammatica?
Denise	Sì .... anche storia e ....
Pierre	Hai partecipato .... qualche .... organizzata .... Università?
Denise	Sì, sono andata .... Assisi, ... Orvieto, ... Spoleto, a Todi e a Gubbio.
Pierre	Pensi .... frequentare .... il corso .... ?
Denise	No, vorrei frequentare il corso speciale .... iscrivermi alla .... di medicina.

5. Conversazioni

1. Avete un programma completo dei corsi?
   Sì, in questo notiziario troverà tutte le informazioni necessarie.

2. Vorrei iscrivermi ad un corso intermedio.
   Conosce già la lingua italiana?
   Sì, l'ho studiata un po' nel mio paese.
   Allora riempia questo foglio e poi vada allo sportello 5.

3. Vorrei frequentare un preparatorio di tre mesi.
   Mi dica nome, cognome e nazionalità.
   François Piaget, francese.
   Vada in banca per pagare la tassa d'iscrizione. Poi ritorni qui per ritirare la tessera.

4. Dove posso comprare i libri per il corso preparatorio?
   Li trova in tutte le librerie della città.

5. Professore, non ho capito l'ultima frase. Per cortesia, può ripeterla?
   Certamente!

6. Professore, come si pronuncia questa parola?
   Fa-mi-glia.
   E questa?
   A-scen-so-re.
   Grazie mille!

7. Signorina, per favore, può parlare più lentamente?
   Sì, certo.

6. Rispondete alle seguenti domande

1. Un Suo amico ha frequentato l'Università per Stranieri di Perugia. Lei vuole sapere le sue impressioni: che cosa gli domanda?

   ....

2. Lei vuole informazioni sui corsi dell'Università per Stranieri. Che cosa domanda?

   ....

3. Per quale motivo Lei studia la lingua italiana?

   ....

4. Nel Suo paese ci sono istituti di lingua per studenti stranieri?

   ....

5. Nel Suo paese si studia la lingua italiana?

   ....

7. Traducete

il dialogo «Al ritorno dalle vacanze» a pag. 106; ritraducete poi in italiano e confrontate con il testo originale.

La scuola

Nel sistema scolastico italiano l'istruzione è obbligatoria dal sesto al quattordicesimo anno d'età; non è dunque obbligatoria la scuola materna, che costituisce più un servizio sociale che un vero e proprio periodo di scolarità.

Il conservatorio di musica rappresenta un caso particolare, perché riunisce in sé sia le caratteristiche della scuola media obbligatoria, sia quelle degli istituti superiori.

L'accesso alle facoltà universitarie è libero per tutti gli studenti che hanno ottenuto il diploma di un liceo o di un istituto. Fa eccezione l'istituto magistrale, che abilita all'insegnamento nelle scuole elementari ma che consente l'iscrizione solo alla facoltà universitaria di magistero; dopo aver frequentato un anno integrativo chi ha il diploma dell'istituto magistrale può però iscriversi a qualsiasi altro corso universitario.

Un discorso a parte va fatto per i corsi di formazione professionale, organizzati e gestiti dalle Regioni: ad essi si accede con la licenza di scuola media, hanno una durata variabile da pochi mesi a tre anni e danno una preparazione a specifici impieghi produttivi.

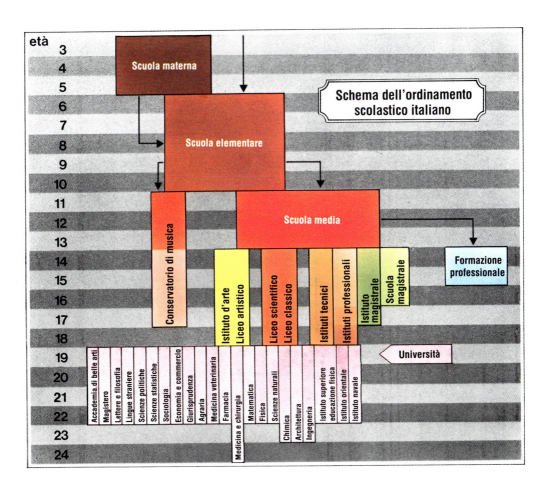

Alla Posta   Unità 16

Signora Bell   Vorrei spedire questo pacco raccomandato.
Impiegato   In Italia o all'estero?
Signora Bell   A Santa Rosa, in California.
Impiegato   Che cosa contiene?
Signora Bell   Dei regali per la mia famiglia.
Impiegato   Oggetti di valore?
Signora Bell   No, dei vestiti e qualche giocattolo.
Impiegato   Scriva qui il nome e l'indirizzo del mittente.
Signora Bell   Ecco fatto!
Impiegato   Ora vediamo quanto pesa ...... due chili e ottocento grammi.
Signora Bell   Quanto pago?
Impiegato   Dipende se lo vuole mandare per via aerea o via mare.
Signora Bell   Quanto tempo impiega via mare?
Impiegato   Tre mesi circa; per via aerea, invece, una quindicina di giorni.
Signora Bell   Allora per via aerea.
Impiegato   Bene, spende tredicimila lire.

1. Test

	Vero	Falso
1. *La signora Bell vuole spedire un pacco raccomandato*	☐	☐
2. *La signora Bell lo vuole spedire in Italia*	☐	☐
3. *Il pacco contiene oggetti di valore*	☐	☐
4. *Il pacco pesa due chili e ottocento grammi*	☐	☐
5. *La signora Bell vuole mandare il pacco via mare*	☐	☐

2. Rispondete alle seguenti domande

1. Dove va la signora Bell?

   ....

2. Che cosa vuole fare la signora Bell?

   ....

3. Dove vuole spedire il pacco la signora Bell?

   ....

4. Che cosa contiene il pacco?

   ....

5. Quanto tempo impiega il pacco via mare?

   ....

6. E per via aerea?

   ....

7. La signora Bell vuole mandare il pacco per via aerea o via mare?

   ....

8. Quanto spende la signora Bell?

   ....

3. Esercizi

A. *Modello:*

Desidera?
Vorrei spedire questo pacco (pacco)

1. Desidera?
.... (pacco)

2. Desidera?
.... (vaglia)

3. Desidera?
.... (raccomandata)

B. *Modello:*

Scriva l'indirizzo del mittente.
Come ha detto, scusi?
Le ho detto di scrivere l'indirizzo del mittente.

1. Scriva l'indirizzo del mittente.
   Come ha detto, scusi?
....

2. Prenda il modulo allo sportello cinque.
   Come ha detto, scusi?
....

3. Aspetti la ricevuta.
   Come ha detto, scusi?
....

C. *Modello:*

L'impiegato ha detto di scrivere l'indirizzo del mittente.
Scusa, che cosa ha detto?
Ha detto che devi scrivere l'indirizzo del mittente.

1. L'impiegato ha detto di scrivere l'indirizzo del mittente.
   Scusa, che cosa ha detto?

   ....

2. L'impiegato ha detto di prendere il modulo allo sportello cinque.
   Scusa, che cosa ha detto?

   ....

3. L'impiegato ha detto di aspettare la ricevuta.
   Scusa, che cosa ha detto?

   ....

D. *Modello:*

Vuole mandare il pacco per via aerea o via mare?
Lo vorrei mandare per via aerea.

1. Vuole mandare il pacco per via aerea o via mare?

   ....

2. Vuole spedire la lettera raccomandata o espresso?

   ....

3. Vuole fare una telefonata urbana o interurbana?

   ....

4. Completate il seguente dialogo

Signora Bell	Vorrei spedire questo pacco ....
Impiegato	In Italia o .... estero?
Signora Bell	.... Santa Rosa, ... California.
Impiegato	Che cosa contiene?
Signora Bell	.... regali per la mia famiglia.
Impiegato	Oggetti .... valore?
Signora Bell	No, dei vestiti e qualche ....
Impiegato	Scriva qui il nome e .... del mittente.
Signora Bell	Ecco fatto!

Impiegato	Ora vediamo .... pesa: due chili e ottocento grammi.
Signora Bell	.... pago?
Impiegato	Dipende se lo vuole mandare per .... aerea o .... mare.
Signora Bell	Quanto tempo .... via mare?
Impiegato	Tre mesi circa; per via aerea, invece, una quindicina .... giorni.
Signora Bell	Allora per via aerea.
Impiegato	Bene, spende tredicimila lire.

5. Conversazioni

1. *Accettazione pacchi*

   Vorrei spedire questo pacco.
   Mi dispiace, ma così confezionato non va bene.
   Che cosa devo fare?
   Le consiglio di rivolgersi all'ufficio
   confezione-pacchi. Poi torni da me.
   Mille grazie!

2. *All'ufficio telegrafico*

   Devo spedire un telegramma.
   Bene, riempia questo modulo.
   Che cosa devo scrivere?
   L'indirizzo del mittente, quello del destinatario
   e il testo del telegramma.

3. *Alla Posta*

   Vorrei dei francobolli per queste cartoline.
   Deve andare allo sportello numero sei.
   Grazie tante!

4. *Allo sportello del fermo-posta*

   C'è qualcosa per me?
   Come si chiama?
   Janet O' Brian.
   Ha un documento di riconoscimento?
   Ecco la mia carta d'identità.

6. Rispondete alle seguenti domande

1. Lei deve spedire un pacco. Che cosa fa?
   ....

2. L'impiegato Le domanda che cosa c'è nel pacco. Lei cosa risponde?
   ....

3. L'impiegato Le domanda come vuole mandare il pacco. Lei cosa risponde?
   ....

4. L'impiegato Le dice che via mare il pacco impiega troppo tempo. Lei cosa decide?
   ....

5. Mandare il pacco per via aerea è troppo caro. Allora lei che cosa decide di fare?
   ....

6. L'impiegato Le dice che il pacco così confezionato non può essere accettato. Lei che cosa fa?
   ....

7. Lei deve fare un telegramma. Che cosa fa?
   ....

8. Nel Suo paese il servizio postale funziona bene?
   ....

9. Che cosa pensa del servizio postale in Italia?
   ....

7. Traducete

il dialogo «L'Università per Stranieri di Perugia» a pag. 114; ritraducete poi in italiano e confrontate con il testo originale.

Un saluto da....

All'azienda di soggiorno

Unità 17

Samir e Amina vorrebbero fare un giro turistico della città. Per avere le informazioni necessarie si rivolgono all'azienda di soggiorno.

Impiegata Desiderano?

Samir Ci piacerebbe visitare la città.

Impiegata Ci sono molti itinerari: il centro storico, la zona industriale, la zona commerciale ...

Samir Preferiremmo il centro storico. Potrebbe mostrarci i programmi?

Impiegata Certamente! Vi interesserebbe fare un giro in pullman con la guida?

Samir Sì, ma non vorremmo spendere troppo.

Impiegata Il giro turistico costa cinquemila lire a persona.

Samir Allora prenotiamo due posti per mercoledì.

Impiegata Va bene. Il pullman parte alle nove da Piazza Italia e rientra alle tredici circa.

1. Test

1. *Samir e Amina vorrebbero fare*
   un'escursione (a)
   un giro turistico (b)
   un viaggio organizzato (c)

2. *Samir e Amina preferirebbero visitare*
   la zona industriale (a)
   la zona commerciale (b)
   il centro storico (c)

3. *Samir e Amina decidono di fare un giro*
   in pullman (a)
   in taxi (b)
   in macchina (c)

2. Rispondete alle seguenti domande

1. Che cosa vorrebbero fare Samir e Amina?

   ....

2. A chi si rivolgono per avere informazioni?

   ....

3. Che itinerario scelgono?

   ....

4. Che cosa propone l'impiegata dell'azienda di soggiorno a Samir e Amina?

   ....

5. Qual'è il prezzo del biglietto?

   ....

6. Per quale giorno prenotano i posti Samir e Amina?

   ....

3. Esercizi

A. *Modello:*

Samir e Amina dicono: «Ci piacerebbe visitare la città».
Samir e Amina dicono che gli piacerebbe visitare la città.

1. Samir e Amina dicono: «Ci piacerebbe visitare la città».

   ....

2. Giorgio e Maria dicono: «Ci piacerebbe andare a teatro».

   ....

3. Carlo e Marta dicono: «Ci piacerebbe fare una passeggiata».

   ....

B. *Modello:*

   Samir vorrebbe fare un giro turistico.
   Anche i suoi amici lo vorrebbero fare.

1. Samir vorrebbe fare un giro turistico.

   ....

2. John dovrebbe dare un esame.

   ....

3. Michael potrebbe fare un viaggio.

   ....

C. *Modello:*

   Franco dice: «Mi piacerebbe conoscere Laura».
   Franco dice che gli piacerebbe conoscere Laura.

1. Franco dice: «Mi piacerebbe conoscere Laura».

   ....

2. Giorgio dice: «Mi dispiacerebbe perdere il treno».

   ....

3. Marco dice: «Mi interesserebbe vedere quella commedia».

   ....

D. *Modello:*

   Mary dice: «Mi piacerebbe fare una nuotata».
   Mary dice che le piacerebbe fare una nuotata.

1. Mary dice: «Mi piacerebbe fare una nuotata».

....

2. Sofia dice: «Mi dispiacerebbe perdere quel film».

....

3. Marta dice: «Mi interesserebbe visitare quella città».

E. *Modello:*

Vi interesserebbe fare un giro in pullman?
Sì, ci interesserebbe molto.

1. Vi interesserebbe fare un giro in pullman?

....

2. Vi piacerebbe ascoltare un po' di musica?

....

3. Vi dispiacerebbe lasciare l'Italia?

....

4. Completate il seguente dialogo

Samir e Amina .... fare un .... turistico della città.

Per avere le .... necessarie si rivolgono all' .... di soggiorno.

Impiegata	Desiderano?
Samir	.... visitare la città.
Impiegata	Ci sono molti .... : il centro storico, la zona industriale, la zona commerciale ....
Samir	Preferiremmo il centro storico .... mostrarci i programmi?
Impiegata	Certamente! Vi interesserebbe fare un .... in pullman con la .... ?
Samir	Sì, ma non .... spendere troppo.
Impiegata	Il giro turistico .... cinquemila lire a persona.
Samir	Allora .... due posti .... mercoledì.
Impiegata	Va bene. Il pullman parte .... nove da Piazza Italia e .... alle tredici circa.

5. Conversazioni

All'agenzia di viaggi C.I.T. (Compagnia Italiana Turismo)

1. *Signora Nilsen*   Vorrei prenotare due posti sul treno delle 12,05 per Parigi.
   Impiegato   Prima o seconda classe?
   Signora Nilsen   Seconda.
   Impiegato   Per quando?
   Signora Nilsen   Per giovedì.

2. *Signor Dupont*   Un biglietto di prima classe per Roma.
   Impiegato   Solo andata?
   Signor Dupont   No, andata e ritorno.

3. *Signor Whitman*   Vorrei una guida della città.
   Signorina   Purtroppo le abbiamo finite.
   Signor Whitman   Dove potrei trovarla?
   Signorina   Provi dal tabaccaio qui di fronte.

6. Rispondete alle seguenti domande

1. Lei vuole visitare una città che non conosce. Dove può ricevere informazioni sugli itinerari da seguire?

   ....

2. Lei vuole fare un giro turistico della città in pullman. Che cosa chiede per sapere quanto costa?

   ....

3. Lei vuole andare in treno da Roma a Firenze. Che cosa dice all'impiegato che fa i biglietti?

   ....

4. Lei va ad un'agenzia di viaggi per prenotare un posto in treno. Che cosa dice all'impiegato?

   ....

5. È stato almeno una volta in un'agenzia di viaggi? Per quale ragione? Racconti la conversazione con l'impiegato.

   ....

7. Traducete

il dialogo «Alla Posta» a pag. 122; ritraducete poi in italiano e confrontate con il testo originale.

I vini italiani

137

Dal meccanico Unità 18

Signor Wendel	È pronta la mia macchina?
Meccanico	Sì, ho appena finito di revisionarla.
Signor Wendel	Che cosa aveva?
Meccanico	Slittava un po' la frizione e c'era una candela sporca.
Signor Wendel	Ha controllato il cambio? La seconda non entrava bene.
Meccanico	Vedrà che adesso le marce sono tutte a posto.
Signor Wendel	Speriamo! E i freni?
Meccanico	Sono ancora buoni.
Signor Wendel	Ha guardato anche la cinghia del ventilatore?
Meccanico	Sì, l'ho sostituita.
Signor Wendel	Crede che possa partire tranquillo?
Meccanico	Senz'altro!
Signor Wendel	Meno male! Non vorrei rimanere per strada per uno stupido guasto.
Meccanico	Vada pure tranquillo!
Signor Wendel	Quanto Le devo?
Meccanico	Quarantacinquemila lire.
Signor Wendel	Ecco a Lei!
Meccanico	Grazie e buon viaggio!

1. Test

	Vero	Falso
1. *Il signor Wendel va dal meccanico*	☐	☐
2. *Il meccanico ha finito di revisionare la macchina*	☐	☐
3. *Il meccanico non ha controllato il cambio*	☐	☐
4. *I freni sono un po' consumati*	☐	☐
5. *Il meccanico ha sostituito la cinghia del ventilatore*	☐	☐
6. *Il signor Wendel paga cinquantacinquemila lire*	☐	☐

2. Rispondete alle seguenti domande

1. Dove va il signor Wendel?

   ....

2. Che cosa ha fatto il meccanico?

   ....

3. Che guasti aveva la macchina del signor Wendel?

   ....

4. Che cosa ha controllato il meccanico?

   ....

5. Come sono i freni della macchina del signor Wendel?

   ....

6. Che cosa ha sostituito il meccanico?

   ....

7. Quanto paga il signor Wendel?

   ....

3. Esercizi

A. *Modello:*

Il signor Wendel dice: «Non vorrei rimanere per strada».
Il signor Wendel dice che non vorrebbe rimanere per strada.

1. Il signor Wendel dice: «Non vorrei rimanere per strada».

   ....

2. Il signor Wendel dice: «Non vorrei arrivare di notte».

   ....

3. Il signor Wendel dice: «Non vorrei restare senza benzina».

   ....

4. Il signor Wendel dice: «Non vorrei rimanere a piedi».

   ....

B. *Modello:*

È pronta la mia macchina?
Sì, ho appena finito di revisionarla. (revisionare)

1. È pronta la mia macchina?

   .... (revisionare)

2. È pronto il mio televisore?

   .... (riparare)

3. È pronta la mia valigia?

   .... (preparare)

4. È pronto il mio orologio?

   .... (aggiustare)

C. *Modello:*

Ha controllato il cambio?
Sì, l'ho controllato.

1. Ha controllato il cambio?

   ....

2. Ha registrato i freni?

   ....

3. Ha caricato la batteria?

   ....

4. Ha sostituito le candele?

   ....

4. Completate il seguente dialogo

Signor Wendel	È .... la mia macchina?
Meccanico	Sì, ho appena finito di ....
Signor Wendel	Che cosa aveva?
Meccanico	.... un po' la frizione e c'era una .... sporca.
Signor Wendel	Ha controllato il cambio? La seconda non .... bene.
Meccanico	Vedrà che adesso le marce sono tutte a ....
Signor Wendel	Speriamo! E i freni?
Meccanico	Sono ancora ....
Signor Wendel	Ha guardato anche la .... del ventilatore?
Meccanico	Sì, l'ho ....
Signor Wendel	Crede che .... partire tranquillo?
Meccanico	Senz'altro!
Signor Wendel	Meno male! Non vorrei rimanere .... strada per uno stupido ....
Meccanico	.... pure tranquillo!

Signor Wendel	Quanto .... devo?
Meccanico	Quarantacinquemila lire.
Signor Wendel	.... a Lei!
Meccanico	Grazie e buon viaggio!

5. Conversazioni

1. *Autonoleggio*

   Vorrei prendere a noleggio un'utilitaria.
   Per quanto tempo?
   Per una settimana. Quanto costa al giorno?
   Sedicimila lire i primi cento chilometri
   e centodieci lire ogni chilometro in più.

2. *Alla stazione di servizio*

   a) Il pieno, per favore.
   Subito, signore.
   Può controllare le gomme?
   Senz'altro!

   b) Ventimila lire di Super, per favore.
   Olio, acqua, è tutto á posto?
   Mi controlli, per piacere, se c'è abbastanza acqua
   nella batteria.

3. *Dal gommista*

   Ho bucato. Può ripararmi la gomma?
   Certo, signore.
   Quando sarà pronta?
   Domattina.

4. *Ricerca di un parcheggio*

   Scusi, dove posso trovare un parcheggio custodito?
   Al primo incrocio giri a sinistra e poi troverà l'indicazione.
   Grazie!

6. Rispondete alle seguenti domande

1. Lei deve fare un lungo viaggio in macchina e vuole essere tranquillo. Che cosa fa?

   ....

2. La Sua macchina ha bisogno di una revisione. Dove la porta?

   ....

3. Quando Lei va a riprenderla che cosa dice al meccanico?

   ....

4. Lei si accorge che la Sua macchina non frena bene. Che cosa dice al meccanico?

   ....

5. Una delle marce della macchina non va bene. Che cosa dice al meccanico?

   ....

6. Che cosa domanda al meccanico quando ha finito il lavoro?

   ....

7. Lei vuole prendere a noleggio una macchina. A chi si rivolge? Che cosa gli chiede?

   ....

8. Lei ha bucato. Che cosa fa?

   ....

9. Lei si accorge che la pressione delle gomme è un po' bassa. Che cosa chiede al distributore di benzina?

   ....

10. Lei si è mai trovato in difficoltà con la macchina durante un viaggio? Che cosa ha fatto?

    ....

11. Quando compra una macchina è più importante per Lei la carrozzeria, il motore o il prezzo?

    ....

7. Traducete

il dialogo «All'azienda di soggiorno» a pag. 130; ritraducete poi in italiano e confrontate con il testo originale.

L'automobile

1 Un'automobile viene soccorsa dopo un incidente da un mezzo dell'ACI (Automobil Club Italiano).

2 Il Salone di Torino dove ogni anno si tiene la più importante esposizione d'auto in Italia.

3 Alcuni meccanici della Ferrari mettono a punto le auto prima dell'inizio della corsa di Monza.

Dal medico Unità 19

Signor Magri	Buongiorno, dottore!
Dottore	Prego, si accomodi! Che disturbi ha?
Signor Magri	Non mi sento bene: ho la nausea, ho mal di testa e non digerisco.
Dottore	Da quanto tempo ha questi sintomi?
Signor Magri	Da alcuni giorni.
Dottore	Vediamo! Si stenda sul lettino e mi dica se prova dolore.
Signor Magri	Sì, molto. È grave?
Dottore	No, si tranquillizzi! Dovrebbe essere solo una gastrite. Faccia queste analisi e poi torni da me.
Signor Magri	Nel frattempo devo seguire una dieta?
Dottore	No, per il momento; però non fumi molto e non beva alcoolici.
Signor Magri	Grazie, dottore!

1. Test

	Vero	Falso
1. *Il signor Magri è andato dal dentista*	☐	☐
2. *Il signor Magri non si sente bene*	☐	☐
3. *Il signor Magri ha l'influenza*	☐	☐
4. *Il signor Magri deve fare delle analisi*	☐	☐
5. *Il signor Magri deve seguire una dieta*	☐	☐
6. *Il signor Magri può fumare e bere alcoolici*	☐	☐

2. Rispondete alle seguenti domande

1. Dove va il signor Magri?

....

2. Che disturbi ha?

....

3. Da quanto tempo ha questi sintomi?

....

4. Che cosa domanda il signor Magri al dottore?

....

5. Che cosa risponde il dottore?

....

6. Che cosa deve fare il signor Magri?

....

7. Che cosa gli dice il dottore?

....

3. Esercizi

A. *Modello:*

Si accomodi, signora!
Accomodati anche tu, Franco!

1. Si accomodi, signora!
   ....

2. Si riguardi, signora!
   ....

3. Si avvicini, signora!
   ....

4. Si riposi, signora!
   ....

5. Si prepari, signora!
   ....

B. *Modello:*

Signor Magri, se prova dolore, *me lo dica!*

1. Signor Magri, se prova dolore, ...
2. Signorina Rosi, se sente freddo, ...
3. Signora Rossi, se vuole qualcosa, ...
4. Signor Gerli, se ha fretta, ...
5. Signorina Poli, se ha da fare, ...

C. *Modello:*

Paolo, se non hai tempo, *dimmelo!*

1. Paolo, se non hai tempo, ...
2. Luisa, se senti freddo, ...
3. Matteo, se vuoi qualcosa, ...
4. Ilaria, se hai fretta, ...
5. Giovanni, se hai da fare, ...

D. *Modello:*

Devo ordinare la colazione?
No, non ordinarla ancora.

1. Devo ordinare la colazione?

   ....

2. Devo preparare la cena?

   ....

3. Devo accendere la luce?

   ....

4. Devo spegnere la stufa?

   ....

5. Devo svegliare Marcella?

   ....

E. *Modello:*

Il dottore dice: «Non fumi troppo!»
Il dottore dice di non fumare troppo.

1. Il dottore dice: «Non fumi troppo!»

   ....

2. Il dottore dice: «Non beva troppo!»

   ....

3. Il dottore dice: «Non mangi troppo!»

....

4. Il dottore dice: «Non lavori troppo!»

....

5. Il dottore dice: «Non aspetti troppo!»

....

4. Completate il seguente dialogo

Signor Magri	Buongiorno, dottore!
Dottore	Prego, si accomodi! Che disturbi ha?
Signor Magri	....
	....
Dottore	Da quanto tempo ha questi sintomi?
Signor Magri	....
Dottore	Vediamo! Si stenda sul lettino e mi dica se prova dolore.
Signor Magri	....
Dottore	No, si tranquillizzi! Dovrebbe essere solo una gastrite. Faccia queste analisi e poi torni da me.
Signor Magri	....
Dottore	No, per il momento; però non fumi molto e non beva alcoolici.
Signor Magri	Grazie, dottore!

5. Conversazioni

1. Pronto?
   Sì, dica!
   Vorrei sapere quando riceve il dottore.
   Il martedì e il giovedì dalle quattro alle sette.

2. Pronto?
   Sì, dica!
   Vorrei sapere il numero telefonico della guardia medica festiva.
   33555.

Confidenziale (tu)	Formale (Lei)
1. Mario Aldo, avrei bisogno di una visita specialistica. Puoi consigliarmi un bravo internista? Aldo Sì, ne conosco uno che ha lo studio in via Garibaldi 5.	1. Signor Signora Cremonesi, avrei Bassi bisogno di una visita specialistica. Può consigliarmi un bravo internista? Signora Sì, ne conosco uno che ha Cremonesi lo studio in via Garibaldi 5.
2. Puoi indicarmi la farmacia notturna più vicina, per favore? Vai sempre diritto. Ne troverai una in fondo alla strada, sulla sinistra.	2. Può indicarmi la farmacia notturna più vicina, per favore? Vada sempre diritto. Ne troverà una in fondo alla strada, sulla sinistra.

In farmacia

1. Vorrei un lassativo.
   Per adulti o per bambini?
   Per adulti, grazie.
2. Mi può dare qualcosa per dormire?
   Mi dispiace, senza ricetta medica non posso darLe niente.

3. Vorrei qualcosa per il raffreddore.
   Ha la febbre?
   Credo di no.
   Allora prenda queste compresse.
4. Vorrei qualcosa per il mal di gola.
   Ha anche la tosse?
   Sí, un po'.
   Allora Le consiglio queste pastiglie e questo sciroppo.

6. Rispondete alle seguenti domande

1. Lei non si sente bene e vuole andare dal medico. Che cosa dice al telefono per sapere quando riceve il dottore?

   ....

2. Se Lei ha il raffreddore e il mal di gola che cosa domanda al farmacista?

   ....

3. Racconti una Sua visita dal medico.

   ....

7. Traducete

il dialogo «Dal meccanico» a pag. 138; ritraducete poi in italiano e confrontate con il testo originale.

Difendiamo la salute

Un invito — Unità 20

Daniela   Che programmi hai per sabato sera, Jim?
Jim   Ho ricevuto un invito dalla mia ex padrona di casa.
Daniela   Pensi di accettarlo?
Jim   Veramente sono un po' imbarazzato...
Daniela   Come mai?
Jim   Beh! È la prima volta che sono invitato a casa di una famiglia italiana e non so bene come comportarmi...
Daniela   Perché?
Jim   Ma... non so cosa portare. Gli italiani tengono molto alla forma e non vorrei fare brutta figura.
Daniela   Non preoccuparti per questo. Puoi portare una bottiglia di liquore o una scatola di cioccolatini, oppure manderai un mazzo di fiori alla padrona di casa il giorno dopo.
Jim   Pensi che potrei portare con me un'amica?
Daniela   Credo di sì; in ogni caso chiedilo alla signora quando le darai conferma.

1. Che cosa si dice in diverse situazioni

Confidenziale (tu)

1. Pronto, Silvia? Ciao, sono Matteo. Andiamo al cinema insieme, stasera?
   Volentieri! Dove ci vediamo?
   Va bene davanti al caffè Scuderi?
   Sì, a che ora?
   Alle otto e mezzo.
   D'accordo, a più tardi.

2. Fausto, ti va di fare una partita a tennis oggi pomeriggio?
   Purtroppo ho già un impegno.
   Possiamo rimandare a domani?
   Mi dispiace, ma domani sono occupato io.
   Peccato!

3. Ciao, Carla. Ceniamo insieme stasera?
   Mi dispiace, ma non posso. Domattina ho l'esame di chimica...
   In bocca al lupo, allora!
   Crepi il lupo!

4. Carla, com'è andato l'esame?
   Bene, grazie: ho preso ventisette.
   Complimenti!

5. Ciao, Hans. Volevo salutarti, perché domani parto.
   Ti ringrazio. Lasciami il tuo indirizzo!
   D'accordo! Te lo scrivo subito.

6. Qual è il tuo segno?
   Acquario.
   Sei nata in gennaio o in febbraio?
   Il sedici febbraio.
   Ah! Fra tre giorni è il tuo compleanno!
   Sì, compio ventitré anni.
   Allora tanti auguri!
   Grazie!

Formale (Lei)

1. Pronto, Silvia? Buongiorno sono Matteo Bianchi. Posso invitarla al cinema, stasera?
Volentieri! Dove ci vediamo?
Va bene davanti al caffè Scuderi?
Sì, a che ora?
Alle otto e mezzo.
D'accordo, a più tardi.

2. Fausto, le andrebbe di fare una partita a tennis oggi pomeriggio?
Purtroppo ho già un impegno.
Possiamo rimandare a domani?
Mi dispiace, ma domani sono occupato io.
Peccato!

3. Buongiorno, Carla. Vorrei invitarla a cena stasera.
Mi dispiace, ma non posso. Domattina ho l'esame di chimica.
In bocca al lupo, allora!
Crepi il lupo!

4. Carla, com'è andato l'esame?
Bene, grazie: ho preso ventisette.
Complimenti.

5. Buongiorno, signora. Volevo salutarla, perché domani parto.
La ringrazio. Mi lasci il Suo numero di telefono.
D'accordo! Glielo scrivo subito.

2. Rispondete alle seguenti domande

1. Certamente Lei ha ricevuto almeno una volta un invito a cena. Parli di questa esperienza.

   ....

2. Quali abitudini ci sono nel Suo paese in simili occasioni?

   ....

3. Un amico Le telefona per invitarla ad andare al cinema. Lei che cosa risponde per accettare o rifiutare l'invito?

   ....

4. Che cosa dice ad un amico che deve dare un esame?

   ....

5. È il compleanno di un Suo amico. Che cosa gli dice?

   ....

3. Traducete

il dialogo «Dal medico» a pag. 146; ritraducete poi in italiano e confrontate con il testo originale.

Alcuni aspetti della cultura architettonica in Italia

1 La porta di Volterra in Toscana, uno dei pochi esempi ancora intatti di arco etrusco.

2 Il tempio di Vesta a Roma, fatto erigere da Giulio Cesare nel 50 a.C.

3 Il tempio di Nettuno a Paestum in Campania, grandiosa presenza della cultura classica greca in Italia.

4 Il castello di Fenis, fortezza militare medioevale costruita nel 1340 a difesa della Valle d'Aosta.

5 Le mura e le torri di San Gimignano in Toscana, uno dei tanti borghi medioevali dell'Italia centrale.

6 Il duomo di Siena, uno dei massimi monumenti dell'architettura gotica in Italia.